高职体育俱乐部制教学系列丛书

乒乓球、羽毛球、毽球

主　编　张诗雄　肖　兵　窦少文

副主编　孙　园　李桂琴　李志清　张　鹏

主　审　周世游

西安电子科技大学出版社

内 容 简 介

本书根据《全国普通高等学校体育课程教学指导纲要》的要求编写而成，主要介绍乒乓球、羽毛球、毽球的基本技术、基本战术和运动竞赛规则，特别适合此三种球类俱乐部的学员学习，也可作为对此三种球类运动感兴趣的读者的自学用书。

前　言

2002 年教育部颁布的《全国普通高等学校体育课程教学指导纲要》中提出："根据学校教育的总体要求和体育课程的自身规律，应面向全体学生开设多种类型的体育课程，可以打破原有系别，班级制，重新组合上课，以满足不同层次、不同水平、不同兴趣学生的需要。""要充分发挥学生的主体作用和教师的主导作用，努力倡导开放式、探究式教学，努力拓展体育课的时间和空间。在教师的指导下，学生应具有自主选择课程内容，自主选择任课教师，自主选择上课时间的自由度，营造生动、活泼、主动的氛围。"

编者认为，高校体育组织形式以体育俱乐部教学模式，更符合以上文件的精神和要求，相比传统教学模式，俱乐部制还具有以下优点：

(1) 突出学生和教师参与的自主性，构建宽松、自由的体育学习环境。

(2) 采用多样灵活的教学方法，建立以学生为中心的教学评价激励机制。

(3) 强化教师的竞争与协作意识，从新的角度建设师资队伍。

出于以上考虑，我们特精心编写了本书。本书主要介绍乒乓球、羽毛球、毽球的基本技术、基本战术和运动竞赛规则，特别适合此三种球类俱乐部的学员学习，也可作为对此三种球类运动感兴趣的读者的自学用书。

由于编者水平有限，书中难免有不足之处，还请广大读者批评指正。

作　者

2016 年 1 月

目　录

第一章

乒乓球运动

乒乓球运动 1884 年起源于英国，最初是宫廷游戏，在欧洲一些国家的贵族中作为娱乐活动，后来逐渐传入民间。自 1926 年 12 月国际乒乓球联合会在英国伦敦正式成立，并同时举行第一届世界乒乓球锦标赛以来，乒乓球运动经过长期的发展和演变，特别是在第二十四届奥运会上被列入奥运会正式比赛项目后，引起了世界各国体育组织和体育爱好者的极大关注和重视，并成为广大群众喜爱的运动项目之一。

乒乓球运动具有球小、速度快、旋转性强及变化复杂等特点。乒乓球运动器材设备比较简单。在室内、外均可进行，运动量也可大可小，不同年龄、性别和身体条件的人都可参加活动。因此，这项运动便于普及。

经常参加乒乓球运动可以发展人的灵敏性和协调性，提高动作速度和反应能力，改善心血管系统的机能；还能培养机智果断、勇猛顽强、积极进取和敢于拼搏的优良品质与作风。

<h1 style="text-align:center">第一节　乒乓球运动技术</h1>

一、握拍法

1. 直拍握法

直拍握法的特点是：出手较快；攻斜线、直线球时拍形变化不大，对手不易判断，便于从速度、球路和力量上取得主动；手腕动作灵活，发球可做较多变化。但反手攻球时，因受身体阻碍较难掌握，不易起重板。

直拍的基本握法：食指的第二指节和拇指第一指节按压拍肩，其余三指自然弯曲斜重叠，中指的第一指节托住球拍背面。

2. 横拍握法

横拍握法的特点是：照顾的面积比直拍大；反手攻球不受身体阻碍，便于发力，但在还击左右两面来球时，需要转动拍面，动作小，影响摆臂速度，台内正手攻球较难掌握。

横拍的基本握法：中指、无名指和小指握住拍柄，虎口部贴拍肩，食指伸直，斜放于球拍背面，拇指在球拍正面。

3. 握拍常见的错误与纠正方法

(1) 握拍时虎口角度过大、过小或太深、太浅，影响手腕动作的灵活性和击球的发力。采用让学生反复体会握拍手的虎口与拍肩的位置的方法予以纠正。

(2) 直握拍容易出现三个手指呈扇形顶拍背面的现象，如不及时纠正会影响学生掌握反手推挡技术。采用让学生的中指第一指节顶拍背面，其余两个手指重叠于中指的方法予以纠正。

(3) 无论是直握拍还是横握拍，在准备击球时或将球击出后，手指握拍都不要过紧或过松。过紧会使手腕僵硬，影响击球时的弧线调节；过松则因拍面摇动而影响发力和击球的准确性。

二、步法

步法是乒乓球技术中的重要组成部分。步法的灵活与否将直接影响击球的质量和技术水平的提高。

乒乓球运动中的步法主要有单步、跨步、跳步、并步、交叉步和侧身步等六种。

1. 单步

在来球角度不大的情况下击球时采用"单步"。即以一脚前脚掌为轴，另一脚向前、后或左、右移动一步。

2. 跨步

在来球急、角度大的情况下，击球时多采用"跨步"。即先以来球同方向的脚向侧跨一大步，另一脚再跟着移动。

3. 跳步

在来球较快、角度较大的情况下击球时，多采用"跳步"。用一脚用力蹬地，使两脚几乎同时离地，向左右前后跳动。

4. 并步

两面攻运动员从基本站位向左右移动时采用"并步"。即一脚向来球方向移动，另一脚随即跟着移动一步。

5. 交叉步

在来球远离身体的情况下，击球时多采用"交叉步"。即先以来球反方向的脚向来球方向移动，并超过另一脚，然后另一脚随即向来球方向移动。

6. 侧身步

在来球紧逼身体的情况下，击球时多采用"侧身步"。即左脚先向左跨出一步，然后右脚随即向左后方移动；另一种可以用左脚先向前插上，右脚向左后移动。

三、发球与接发球

(一) 发球技术

(1) 平击发球：一般不带旋转，它是最基本的发球方法，也是掌握其他复杂发球的基础。

动作要点：

① 将球置于掌心上，手掌伸平，然后将球抛起。

② 向前挥拍时，拍形稍前倾，击球中上部。

③ 击球后的第一落点应在球台的中区。

(2) 反手发急球：球速快，弧线低，前冲力大。以攻为主的运动员用这种发球法易发挥速度上的优势。

动作要点：

① 抛球后，球降至约与网同高时击球。

② 击球时，拍形稍前倾击球中部，同时手臂向前迅速挥拍。

③ 发球时第一落点要靠近端线。

(3) 反手发右侧上(下)旋球：向右侧上(下)旋转加强，对方挡球后，球就会向左侧上(下)反弹。

动作要点：

① 击球前，拍形稍向右倾斜，前臂和手腕由左向右方挥动。

② 击球时，拍从球的正中部向右侧下摩擦击出的球是右侧下旋球。拍从球的正中部向右侧上摩擦击出的球是右侧上旋球。

③ 发球的第一落点要靠近端线。

(4) 正手发左侧上(下)旋球：球速一般不很急，左侧上(下)旋转力较强，对方挡球后，球向其右侧上(下)反弹。

动作要点：

① 击球前，拍形稍向左偏斜，前臂和手腕由右向左挥动。

② 击球时，拍从球的正中部向左上摩擦击出的球为左侧上旋球(发左侧下旋球，拍稍后仰从球的中下部向左侧下摩擦击出)。

(5) 正(反)手发转与不转球：球速较慢，前冲力小，主要是发球手法接近，以旋转变化来迷惑对方，使其回接困难。发球转与不转的区别，在于拍触球的刹那间变化拍形的角度。

动作要点：

① 抛球不宜过高，发球前手腕和前臂放松；击球时向前下方

摩擦用力。

② 发转球时，拍形稍后仰，从中下部向底部摩擦。发不转球时，拍形减少后仰角度，并稍加前推的力量。

(6) 发短球：击球动作小，出手快，球落于对方球台后的第二落点不出台。发短球可以牵制对方，使对方不易发力还击。

动作要点：

① 抛球不要太高，等下降时击球。

② 击球时，手腕和前臂要敢于摩擦发力，手腕的力量要多于前臂的力量。击出球的第一落点应在本方球台近网处。

(7) 正手高抛发球：把球高抛可以迷惑对方。发球时，利用球下降的速度可使发出的球速度快，旋转强，变化多。

动作要点：

① 球要抛得高而且直。击球前，手腕和手臂要放松。

② 击球点在近腰偏右 15 厘米左右，击球时靠手腕发力。

③ 发侧上旋球时，在触球的刹那手腕迅速上勾，摩擦球的中部或中侧部。发侧下旋球要集中摩擦球的中下部，力求动作与发侧上旋球相似，使对方不易判断。

(8) 下蹲式发球：利用下蹲动作发出旋转多变的球，使对方难以作出正确的判断，为进攻创造机会，这种发球多用于横拍选手。

动作要点：

① 将球抛起后，迅速半蹲，发完立即站起准备打下一板球。

② 击球时间是等抛起的球下降到比网稍高时击球，不能过早

或过晚。

③ 发左(右)侧上(下)旋球时，拍形要快速做半圆弧形摩擦的动作。

(二) 接发球技术

接发球的技术很多，既可用搓、削、推、摆、撇等方法去对付，也可用点拨、攻、拉等方法去抢攻。因此，只有全面地掌握各种接发球技术，才能在比赛中变被动为主动。

(1) 注意观察对方发球时的位置来确定自己的站位，观察对方发球时摆臂振幅的大小和手腕用力的程度来推断来球落点的远近和旋转的强弱。

(2) 接台内短球时，多用手腕手指的突然发力进行点、拨、摆、撇、搓等方法回接。

(3) 接长球、快球时，可多用前臂的力量进行快带、借力挡、发力攻、发力拉的方法回接。

(三) 发球与接发球练习程序与方法

1. 发球

(1) 先学习发平击球，后学习发急球，然后再学习发左右侧上、下旋球，在此基础上学用相似手法发出不同性能的球。

(2) 在发球线路上，先学习发斜线球，后学习发直线球。

(3) 在落点上，先发不定点球，后发定点球。

(4) 最后根据自己的发球特长技术，配合成套进行精练，形成总的技术风格。

2．接发球

(1) 接发球时，先用固定的搓、推、挡任何一种技术去接对方单一的发球。

(2) 在以上基础上，再学习控制回球落点。

(3) 在能够较自如地控制回球落点之后，便可以开始进行接发球抢攻的练习。

(四) 易犯错误与纠正方法

(1) 发球抛球不稳，造成球的下落线路远离预定的击球点。可采用肘部贴近身体的左侧，靠前臂垂直用力向上送的抛球方法予以纠正。

(2) 发球时击球部位不准，造成撞击球，使发出的球不旋转。可采用击球前手臂动作放松，调节好拍面角度，击球时前臂手腕突然发力摩擦球体的方法予以纠正。

(3) 接发球后，动作还原慢，影响下一次击球。可采用多球训练的方法，加强动作连贯性的练习。

四、推挡球

推挡球可分为挡球、快推、加力推、减力推以及推下旋球等技术。

1．推挡球技术

(1) 挡球：击球前，持拍手臂与台面平行伸向来球。击球时，前臂和手腕向前移动，借助对方来球的反弹力，击上升期球的中部将球挡回。击球后，迅速还原。

(2) 快推：击球前，持拍手臂的肘内收，前臂略外旋。击球时，前臂向前推出，食指压拍肩，拇指放松，使拍形前倾。在来球上升期击球的中部，将球快推过去。击球后，手臂迅速收回、还原。

(3) 加力推：加力推的击球时间比快推稍慢一些。击球前，前臂后收，使球拍略提高一些，击球时，调整好拍形角度，中指顶紧拍背，在球的上升后期或高点期击球中上部，然后手臂迅速还原。

(4) 减力推：击球前，不引拍，稍屈前臂，拍面稍高倾。击球时，手臂向前移动的同时身体重心略升高，拍面高于来球。在触球瞬间，手臂前移动作骤然停止，并带有稍向后收动作，在球的上升期击球的中上部。击球后，迅速还原。

(5) 推下旋：击球前，拇指压拍肩，使拍面稍后仰。击球时，前臂向前下方发力，在高点期击球中下部。

2．推挡球练习程序与方法

(1) 做徒手模仿动作练习，体会动作要领。

(2) 两人在台上对练挡球，逐渐转变为快推练习。

(3) 两人快推练习中，一人突然做加力推练习。

(4) 两人快推练习中，一人突然做推下旋练习。

3．易犯错误与纠正方法

容易出现手腕下垂形成吊腕，造成动作僵硬，拍面转换不灵活。采用肘关节贴近身体，食指用力，拇指放松的方法加以纠正。

五、攻球

攻球技术可分为正手攻球和反手攻球两大类。每一类中，通常又分为快攻、中远台攻、快拉、快拨、突击、扣杀和滑拍。

(一) 正手攻球技术(以右手持拍为例，下同)

(1) **正手快攻**：左脚稍前，身体离台约 30 厘米，持拍手在身体右侧引拍，由体侧向前上方挥出，挥至前额，手腕内扣，使拍面稍前倾，在球上升期或高点期击球的中上部，击球后迅速还原放松。

(2) **正手远台攻**：左脚稍前，身体离球台 1 米，持拍手向右后方引拍，拍面稍后仰。击球时，上臂带动前臂在腰、肩、腿的配合下向前上方挥拍，手腕随挥拍逐渐使拍面前倾，在下降前期击球的中部，同时上体左转，重心由右脚移至左脚，击球后迅速还原放松。

(3) **正手快拉**：左脚稍前，身体离台 40 厘米左右。击球前，身体重心略下降，前臂下沉，拍面近似垂直。触球瞬间，手腕稍内旋，前臂加速用力向左上方提拉摩擦球体，击球的下降前期，摩擦球的中下部，击球后迅速还原放松。

(4) **正手突击**：身体离台 30 厘米以内。击球前，持拍手上臂贴近身体，前臂在转腰的同时稍后引。击球时，前臂配合手腕突然发力，在球的高点期击球的中下部，击球后迅速还原放松。

(5) **正手快拨**：身体贴近球台，右脚向右前方上步的同时前臂伸入台内。击球前，前臂和手腕充分放松。击球时，根据不同性质的来球靠手腕向前上方转动发力将球击出，在球的最高点期击球的中上部(上旋球)或中下部(下旋球)，击球后身体迅速还原。

(6) 正手扣杀：左脚在前，身体右转，手臂向后引拍，拍面稍前倾。击球时，上臂在腰的配合下带动前臂快速发力，击球的高点期中上部。

(7) 滑拍：重心在左脚，手臂自然弯曲，击球前，球拍位于身体右侧成半横状。击球时，手臂由右向左移动，在高点期击球左侧面，触球时手腕外展顺势向左滑动使球左旋，将球击到对方左角。

(二) 反手攻球技术

(1) 反手快攻：右脚稍前，身体离球台约40厘米。击球前，持拍手向身前左侧引臂，前臂上提，拍面稍前倾，略高于来球。击球时，以肘关节为轴。前臂快速向右前上方发力，腰肩随之转动，击球的高点期中上部。

(2) 反手快拨：动作方法和特点基本同"反手快攻"，唯动作幅度更小些。

(3) 反手快拉：击球前，重心略下降，持拍手肘部下沉，拍面稍后仰。击球时，前臂配合手腕随势转动拍面，快速迎前向上发力，击球的下降期前段中下部。

(4) 反手扣杀：右脚稍前，击球前，上体向左转动，持拍手尽可能向左后方引拍。击球时，手臂在身前横摆，配合腰部力量，向前下发力，击球的高点期中上部。

(三) 攻球练习程序与方法

1．徒手练习

(1) 根据正面攻球的动作要领，做徒手模仿练习，以体会正确的手法、腰部动作和重心交替的要领。

(2) 结合步法徒手练习。如结合单步练习左推右攻；结合侧身步练习推挡侧身攻；结合交叉步练习侧身攻后扑正手等。

2．单个动作练习

(1) 一人发平击球，一人练习攻球技术。

(2) 一人推挡，一人练习连续攻球。先练单线定点，再练复线定点。

3．对攻练习

(1) 正手(反手)对攻直线、中线、斜线。

(2) 两斜对两直对攻。

(3) 由近至远，由远至近，在前后移动中对攻。

4．搓攻练习

(1) 对搓斜线，定点，一方或双方侧身抢攻(抢拉、突击)。

(2) 全台搓，不定点，一方或双方抢攻(抢拉、突击)。

(四) 易犯错误与纠正方法

(1) 正手攻球时抬肘或手腕下垂，容易造成攻球无力和击球下滑。采用上臂紧贴身体侧面，前臂外展的方法纠正攻球抬肘现象；采用球拍拍柄向左斜，手腕外展的方法纠正手腕下垂。

（2）反手攻球，拍面角度过于前倾或后仰，造成弧线调节不好，球易下网或出界。可采用先练习固定拍面攻球，再练习调节拍面角度击球的方法予以纠正。

六、弧圈球

弧圈球是一种上旋力非常强的进攻技术。弧圈球可分为加转(高吊)弧圈球、前冲弧圈球和侧旋弧圈球。

（一）弧圈球技术

（1）正手加转(高吊)弧圈球：击球前，左脚稍前，两膝微屈，重心放在右脚上，右肩低于左肩，持拍手自然下垂，球拍引至身后侧下方，手腕固定，拍面稍前倾(为 75°～80°)。击球时，手臂在向上前方挥摆的过程中，前臂用力快攻，腰部随之向左上方转动，擦击球的下降期中部偏上。击出弧圈球后重心移至左脚，然后迅速还原放松。

（2）正手前冲弧圈球：击球前，持拍手引至腰部右侧与台面同高，手腕相对固定，拍面前倾 30°～45°。击球时，上臂带动前臂向左前方挥拍，上体随势转动，触球瞬间，手腕略为转动发力，在高点期擦击球的中上部直至顶部。击球后，迅速还原放松。

（3）正手侧旋弧圈球：击球前，持拍手向右后下引拍，手腕内屈、固定。击球时，上臂带动前臂由右侧后方向左前上方挥出，上体随势向内扭转，在下降前期擦击球的右侧中部偏下。击球后，身体迅速还原放松。

(4) 反手弧圈球：击球前将拍引至下腹部，拍形前倾。当球弹起时，以肘为轴，前臂迅速向上挥动，结合手腕向上转动的力量，在下降期摩擦球的中部或中上部，在击球过程中，两腿向上蹬伸。

(二) 弧圈球练习程序与方法

(1) 徒手做模仿拉弧圈球动作的练习。

(2) 一人发出台下旋球，另一人拉弧圈球(可采用多球进行练习)，体会击球手法、拍面角度和击球部位。

(3) 两人对搓，固定一人或两人互抢拉弧圈球练习。

(4) 一人推挡，另一人练习连续拉弧圈球。

(5) 一人削球，另一人练习拉加转弧圈球结合前冲弧圈球，体会两种弧圈球技术的不同手法、拍面角度以及击球时间和击球部位。

(三) 易犯错误与纠正方法

(1) 拉加转(高吊)弧圈球时，重心较高，易造成击球时间过早，拉不出旋转。用降低身体重心和击球的下降后期的方法予以纠正。

(2) 拉前冲弧圈球时，向上用力多于向前用力，易造成球过网的弧线高、球不前冲。采用连续拉不转球，体会前臂向前用力的动作予以纠正。

七、搓球

搓球技术分快搓、慢搓、搓侧旋等几种，每一种又包括正手和反手两方面。

（一）搓球技术

(1) 快搓：搓球前，拍面稍后仰，球拍置于身前。搓球时，手臂迅速前伸迎球，手臂向前下方用力，在上升期搓球的中下部和底部。

(2) 慢搓：搓球前，拍面稍后仰。搓球时，手臂向前下方用力，在下降期搓球，击球的中下部和底部。

(3) 搓侧旋：搓球前，球拍先迎前。搓球时，手臂向左(右)发力摩擦球的同时，手腕用力。在球的高点期或下降前期搓球中下部。

（二）搓球练习程序与方法

(1) 徒手模仿搓球动作练习，体会正确动作的关键环节。

(2) 一人发下旋球，一人搓回。

(3) 对搓球练习(慢搓)。先反手后正手，先斜线后直线。

(4) 正、反手快搓练习。先定线，逐渐过渡到不定点、线。

(5) 搓球与不转球练习。

（三）易犯错误与纠正方法

(1) 搓球时动作太大，用充分利用前臂和手腕转动的力量的方法加以纠正。

(2) 搓转与不转球，其动作要力求相似。搓转球时，要使球拍从上往下摩擦球；搓不转球时，要使球拍从上往前下托球。

八、削球

削球技术种类很多，一般可分为正手削球和反手削球两大部分。

(一) 削球技术

(1) 正手削球：左脚稍前，身体离球台 1 米以外。击球前，手臂自然弯曲，将球拍向右上引至肩同高，重心放在右脚上。击球时，手臂向左前下方挥动，拍形稍后仰，在球的下降期击球的中下部，同时手腕向下用力。击球后，球拍随势前进，重心移到左脚，然后迅速还原。

(2) 反手削球：击球前，右脚稍前，手臂弯曲，球拍向左上方引至与肩同高，拍柄向下，重心放在左脚下。击球时，手臂向右前下方挥动，拍面后仰，在球的下降期击球中下部，同时前臂与手腕加速削击来球。击球后，重心移到右脚。

(二) 削球练习程序与方法

(1) 徒手模仿削球动作的练习。

(2) 先学正手削，后学反手削。

(3) 两人一组在接平击球或急球时，用正、反手削。

(4) 用正、反手连续削对方轻拉过来的球。

(5) 先练习削斜线，然后再练削直线；先学远削，后学近削。

(6) 用多球做削球练习。

(三) 易犯错误与纠正方法

(1) 拍面过于后仰，造成回球过高。采用多接平击球的练习加以纠正。

(2) 削球时，手臂和腰、腹、腿用力不协调。用加强步法练习的方法予以纠正。

九、结合技术

凡将两种或两种以上单项技术结合起来运用的，统称为结合技术。

(一) 结合技术的方法

(1) 推挡侧身攻：由推挡和侧身正手攻球组成。推挡后，左脚先向左跨一步，腰部向左侧移动，随后右脚向左后方移动，形成一个侧身位置。侧身攻球时，拍面稍前倾，充分发挥腰部转动和腿部的力量，在高点期击球的中下部。

(2) 左推右攻：一方攻击两角，另一方以反手推挡和正手攻球结合起来进行挥击。推挡后，转入正手攻球时，左脚蹬地，右脚迅速向前方尽量跨出一大步，左脚立即跟上一步进行攻球。击球时，拍面稍前倾，在上升期击球的中下部。

(3) 推挡侧身攻后扑右方(推侧扑)：由推挡、侧身攻和移动中正手攻这三个单项技术组成。推挡侧身攻后，迅速向右做交叉步移动，在脚着地的同时，腰部左转并带动手臂向前挥击，在高点期击球的中上部，击球的同时，右脚迅速向右移动。

(4) 搓中起板(搓中突击)：由搓球和正手攻球这两个单项技术组成。搓中起板因速度快、距离短，所以富有突然性，这是各种类型打法在比赛中相互之间动作的结合技术。

① 来球若不转，击球时拍面稍前倾，以手臂向前发力为主，在高点期击球的中部和中上部，拍比球要稍低。

② 来球是下旋球时，击球时拍面可与台面近乎垂直，在高点

期击球的中下部，拍比球要略低些。来球下旋越强，手臂向上挥击的力量就越大。

(5) 削中反攻：由削球和攻球组成。当削球转入反攻时，身体重心迅速转换。在远台反攻时，拍面要稍前倾，以手臂向前发力为主，拍面要固定，在高点期击球。

(二) 结合技术练习程序与方法

(1) 做徒手模仿动作练习。

(2) 两人一组，一人推挡，一人推挡侧身攻，左推右攻，推侧扑，两人轮换。

(3) 两人一组对搓，搓中一方侧身起板抢攻。

(4) 两人一组，一人拉攻，一人进行削中反攻练习。

(5) 进行多球训练，一人供球，一人做推挡侧身攻，左推右攻，推侧扑，搓中突击。削中反攻等练习，两人轮换。

(三) 易犯错误与纠正方法

(1) 做推挡侧身练习时，侧身动作过早。应先判断来球的方向、落点，不可预先等好位置。

(2) 击球时动作不到位，应加强步法移动练习。

十、双打

双打的特点(规则)：乒乓球台中央有一条 3 毫米宽的中线，把球台分成左右均等的两个半台，其右半台，即为双打的发球区；发球后，每一方均轮流还击，否则判失分。

（一）双打的配对

(1) 一人左手握拍，一人右手握拍。

(2) 同类型打法的配对，两人快攻的配对。

(3) 一前一后配对，一攻一削的搭配，两削球的搭配。

（二）双打练习程序与方法

(1) 在右半台做各种基本技术的走位练习。如正手攻球走位练习，反手对搓技术的走位练习。

(2) 全台对半台(不同点打一点)的练习。

(3) 以一方发球和发球抢攻为主的练习。

(4) 以一方接发球抢攻为主的练习。

(5) 一个人单打帮助两个人双打练习。

（三）易犯错误与纠正方法

(1) 双打中两人走位乱，易出现影响同伴视线、妨碍同伴还击、不利于本人下次还击的现象。采用有选择地指定有利于他们技术发挥的脚步移动路线的方法予以纠正。

(2) 发球不严密，接发球身体不到位，易出现被攻与让位不及时等现象。采用多球练习的方法予以纠正。

第二节 乒乓球运动战术

乒乓球运动战术，主要是指在比赛中根据对方的类型打法及技术特点，而采用各种技术的原则和方法。

乒乓球各类型打法的战术是多种多样的。归纳起来，大致可分为以下几类：发球抢攻战术；对攻战术；搓攻战术；削中反攻战术和接发球战术。由于类型打法和个人技术风格以及作战对象不同，因而在运用战术的具体方法上也各不相同。

一、乒乓球运动战术要点

(一) 发球抢攻战术

1. 快攻类

(1) 对付快攻打法的战术：反手发侧上、下旋球至对方中路偏右近网处，配合发大角度长球，伺机抢攻。

(2) 对付弧圈球打法的战术：正手发转与不转的球至对方右角或中路近网处，配合发长球至对方左方，伺机抢攻。

(3) 对付削球打法的战术：正手发右侧上旋急球至对方右大角或中路，配合发直线近网短球或长球，伺机抢攻。

2. 弧圈类

(1) 对付快攻打法的战术：反手发右侧上、下旋短球至对方正手中路，结合发强烈上、下旋长球至两角后抢位或抢冲。

(2) 对付弧圈打法的战术：侧向或正手发高、低抛左侧上、下旋球及对方正手近网处，配合底线侧上旋球，伺机抢攻。

(3) 对付削球打法的战术：正手或侧身发转与不转球至对方正手中路近网处，配合发侧上、下旋底线长球后抢位或抢冲。

3. 削攻类

(1) 对付快攻打法的战术：正手或侧身发高、低抛左侧上、下旋球至对方反手短路或刚出台处，然后抢攻或抢冲其中路或反手。

(2) 对付弧圈打法的战术：正手发转与不转球至对方正手中路近网处，然后抢攻或抢冲其中路或反手。

(3) 对付削球打法的战术：正手发下蹲或左、右侧上、下旋转至对方中路，然后抢攻。

(二) 对攻和拉攻战术

1. 快攻类

(1) 对付快攻打法的战术：紧压反手，结合变线，伺机抢攻。

(2) 对付弧圈打法的战术：加、减力推压对方中路或反手，伺机抢攻。

(3) 对付削球打法的战术：连续拉对方反手后，突击中路或直线，然后扣杀两大角。

2. 弧圈类

(1) 对付快攻打法的战术：运用高吊弧圈，拉住对方反手后，找机会抢冲对方正手位。

(2) 对付弧圈打法的战术：用近台快拨、快推压对方中路或反手后，伺机反拉或冲、扣。

(3) 对付削球打法的战术：拉不同旋转和长、短落点的弧圈球后，伺机冲、扣中路或反手。

(三) 搓攻战术

1. 快攻类

(1) 对付快攻打法的战术：快搓加转长球为主，结合拦转与不转短球至对方反手，伺机突击或抢先拉起。

(2) 对付弧圈打法的战术：快搓转与不转短球为主，结合突然搓对方反手底线长球，找机会"快点"或抢攻。

(3) 对付削球打法的战术：快搓转与不转球至不同落点，伺机突击中路或两大角。

2. 弧圈类

(1) 对付快攻打法的战术：搓加转短球结合搓加转底线两角长球后，伺机拉高吊或前冲弧圈至对方中路或正手位。

(2) 对付弧圈打法的战术：搓转与不转短球结合快搓加转底线反手长球后，伺机拉高吊或前冲弧圈至对方中路或反手位。

(3) 对付削球打法的战术：以搓对方反手、中路为主，结合搓正手台内短球后，伺机拉高吊或前冲弧圈球至对方中路或反手位。

3. 削攻类

(1) 对付快攻打法的战术：搓加转球至对方反手大角后，攻对方中路、正手。配合搓变对方正手后，攻对方的反手、中路。

(2) 对付弧圈打法的战术：快搓不同旋转和落点后，突然搓加转长球至对方反手底线，伺机突击或拉弧圈球。

(3) 对付削球打法的战术："轮换发球法"战术。

(四) 接发球战术

1. 快攻类

(1) 对付快攻打法的战术：用手撇一板或"快点"击对方反手位，配合突然变正手与中路。

(2) 对付弧圈打法的战术：以快搓短球为主结合快搓底线长球进行控制，然后抢先拉起或突击。

(3) 对付削球打法的战术：用连续摆短球至对方中路或正手，用突然拉起变对方中路。

2. 弧圈类

(1) 对付快攻打法的战术：以快搓加转近网短球为主，结合搓两大角长球。

(2) 对付弧圈打法的战术：以先拉高吊弧圈至对方反手为主，形成主动拉、冲的局面。

(3) 对付削球打法的战术：接发球抢位或抢冲。

3. 削攻类

(1) 对付快攻打法的战术：用加转搓球至对方反手大角，配合送转与不转长球至对方正手。

(2) 对付弧圈打法的战术：用快搓或供球控制对方两角后，伺机进攻或后退削球。

(3) 对付削球打法的战术：用快攻或接发球抢拉后，再退后削球，形成相持局面。

二、乒乓球运动战术练习程序与方法

(1) 发一般旋转球,在左半台范围内进行定点抢攻练习。

(2) 发一般旋转球,在全台进行不定点抢攻练习。

(3) 发不同旋转、不同落点的球,进行全台无规律抢攻练习。

(4) 发一般快球进行全台有规律的调右压左练习。

(5) 发一般下旋球进行全台有规律的拉、冲、扣练习。

(6) 定点接一般旋转球和不同旋转球的接发球抢攻练习。

(7) 教学比赛。

第三节 乒乓球运动竞赛规则

一、场地和器材

1．球

球为黄色(或白色),直径为 40 毫米,重 2.7 克,由赛璐珞或类似的塑料制成。

2．球拍

球拍的大小、形状或重量不限,底板至少应有 80％的天然木料。

3．球台

球台应为与水平面平行的长方形,长 2.74 米,宽 1.525 米,离地面高 76 厘米。

球台四边应有一条 2 厘米宽的白线。双打时，各台区应由一条 3 毫米宽的白色中线划分为两个相等的"半区"。

二、乒乓球竞赛通则

1. 定义

(1) 握在手中的球拍或执拍手手腕以下部分触球叫做"击球"。

(2) 对方击球后，球尚未触及本方台区，本方运动员即行击球叫做"拦击"。

(3) 对方击球后，处于比赛状态的球尚未触及本方台区也未越过台面或其端线，即触及本方运动员或其穿带的任何物品，叫做"阻挡"。

2. 合法发球

(1) 发球时，球应放在不执拍手的掌上，手掌张开和伸平，球应是静止的，在发球员的端线之后和比赛台面的水平面之上。

(2) 发球员须用手把球几乎垂直地向上抛起，不得使球旋转，并使球在离开不执拍手的手掌之后上升不少于 16 厘米。

(3) 当球从抛起的最高点降落时，发球员方可击球，使球首先触及本方台区，然后越过或绕过球网装置，再触及接发球的台区。在双打中，球应先后触及发球员和接发球员的右半区。

(4) 从抛球前静止的最后一瞬间，到击球时，球和球拍应在比赛台面的水平面之上。

(5) 在双打中，除发球和接发球外，运动员还需按正确的次序击球。

(6) 实行转换发球法时，发球方发出和还击的球，被接发球方连续 13 次合法还击。

3．交换发球次序

(1) 比分到 2 分后，接发球一方即成为发球一方，依次类推，直到一场比赛结束；或者到双方的比分到 11；或直到开始采用轮换发球法。

(2) 在双打中，由取得发球权一方选出同伴发球，由双方选换同伴接发球。

(3) 一局首先发球的一方，在该场下一局首先接发球。

4．变换方位

一局中站某一方位的运动员，在下一局应换到另一方位。在决胜局中，当一方先得 5 分时，即应与对方交换方位。

5．发球、接发球的次序和方位错误

(1) 经发现运动员方位错误，应中止比赛，并按照该场开始时的次序，根据场上比分，来确定运动员应该站的方位，再继续比赛。

(2) 一旦发现运动员错发或错接了球，应中断比赛，并按该场开始时的次序，从场上比分开始，由应发球或接发球的运动员发或接。在双打中，按发现错误时那一局中有首先发球权的那一方的次序进行纠正，再继续比赛。

(3) 在任何情况下，发现错误之前的所有得分均有效。

课后练习与思考

为什么说乒乓球运动具有良好的健身作用？

第二章

羽毛球运动

第一节 羽毛球运动概述

一、羽毛球运动的起源

根据《民族体育集锦》记载，"中国在远古时期就有类似羽毛球游戏活动的存在……这种活动主要分布在我国的西南等地区"。

相传，远古时代，我国苗族的祖先在正月期间总要把一些五颜六色的鸡毛做成花毽，然后成群结队到野外去玩"打花毽"游戏。游戏开始时，姑娘首先向小伙子抛出花毽，然后小伙子用手将花毽击回姑娘一方，互相一来一往，尽量不使花毽落地。双方对打时，有时相距较近可以边打边答话，或互相对歌，这种游戏叫"打手毽"。我国古代基诺族玩的这种游戏叫"打鸡毛球"，所用的球是用一束鸡脖子上的羽毛插入用油布包着的木炭球托上制成的，游戏时双方用手拍打，比赛场地以中线为界，一方打来的球，另一方必须打回去。若球打不过中线，则为输球。古代壮族人玩的这种游戏叫"打手毽"，所用的球称"毽子"；西汉时期，仫佬族所玩的一种游戏，其活动形式、方法同苗族人玩的"打花毽"相近。

可以认为，"打花毽"、"打鸡毛球"和"打手毽"等游戏是今日羽毛球运动的鼻祖。据英国《大不列颠百科全书》记载，"原始的羽毛球游戏、羽毛球活动至少在 2000 年前，在中国、日本、印度、泰国等就开始流行了"。由此，可以佐证，在距今 2000 年前或更早，羽毛球游戏活动已在我国的少数民族和民间流传了。

到 18 世纪前，亚洲、欧洲的一些国家就有了用木制球板来回拍击球的类似羽毛球运动的活动。19 世纪 60 年代，一批退役的英国军官把印度孟买的"普那"(Pooa，球用圆形硬纸板插上羽毛制成，板足木质的一种类似羽毛球运动的游戏)带回英国。早期羽毛球运动所用的球类似我国民间的毽子。其活动形式是用木拍击打"毽子"球，被人们称为"毽子板"运动，它是现代羽毛球运动的前身。

到了 19 世纪中叶，经不断的演变改进，在英国出现了用羽毛和软木制成的球和用弦穿的球拍击球的活动。1873 年在英国格拉斯哥附近的鲍弗特公爵的伯明顿庄园里举办了一次游园活动，由于下起了大雨，便改在室内进行羽毛球游戏，场地呈"葫芦形"，中间狭窄处挂着网，由于这项游戏的趣味性强，参与者个个尽兴而归，于是这项游戏活动便逐渐风行起来，并以"伯明顿"命名。英语中的羽毛球运动名称"BAD-MINTON"便由此而得。

二、我国羽毛球运动的发展概况

20 世纪 20 年代初，羽毛球运动传入我国。解放前，只在上海、广州、北京、天津等少数城市的一些教会学校开展羽毛球运动，从未举办过全国性的大规模比赛。解放初期，只有东南沿海的少数城市、少数人打羽毛球。当时，羽毛球运动尚未得到普及，运动技术水平也很低。1953 年，在天津举行了以大行政区为单位的首次全国羽毛球表演赛，仅有 5 个队 19 名选手参赛。1954 年，组建成立了以王文教、陈福寿等几名具有较高水平的归侨青年为代表的国家羽毛球队。1956 年，在莫斯科世界青年联欢节羽毛球比赛中，国家羽毛球队获得了男子单打、双打冠军。同年，还组队访问了印度尼西亚，取得了较好成绩。1958 年，在武汉举行了全国 15 个城市参赛的羽毛球比赛。1959 年 9 月，在第一届全运会上，羽毛球被列为正式比赛项目，并有 21 个省、市、自治区的代表队参加了比赛。当时，福建省队以绝对的优势获得了团体总分第一名。从此，福建便成了我国培养羽毛球运动员、教练员的摇篮。然而，当时我国羽毛球运动的群众基础还很薄弱，技术水平还比较落后。

20 世纪 50 年代末 60 年代初，以侯加昌、汤仙虎、陈玉娘、梁小牧为代表的一批有一定技术水平的归侨青年学生，怀着赤诚的爱国心，一定要改变我国羽毛球运动的落后状态和为祖国争光的信念，在党和人民的培养关怀下，以我国乒乓球队、登山队为榜样，学习亚洲、欧洲的先进技术和打法，经过刻苦训练和不断的摸索，创造并发展了"以快为主、积极主动、先发制人"的新型打法。1964年，在广州召开了第一次全国羽毛球训练工作会议，在会上充分肯定了"以快为主、积极主动、先发制人"的打法是我国羽毛球技术的发展方向，并确定了"快、狠、准、活"的技术风格，为我国羽毛球运动攀登世界技术高峰奠定了基础，同时宣告了一个崭新的羽毛球技术发展时代的开始。

　　然而，在文化大革命期间，许多省、市羽毛球队相继被解散，人员被下放，我国羽毛球运动的发展势头，一度遭到了打击和破坏。

　　1971年10月，在杭州举行了羽毛球集训和调赛。1972年1月正式重建国家羽毛球队。此后，全国近20个省、市、自治区也陆续恢复或重建羽毛球队。到了20世纪70年代后期，我国羽坛大批后起之秀脱颖而出。其代表人物有：阎玉江、韩健、栾劲、林诗全、庚跃东、孙志安、姚喜明、陈昌杰、陈天龙、刘霞、张爱玲、李芳、徐蓉、韩爱萍等，他们在各种类型的国际比赛中取得了好成绩。1974年，在第七届亚运会上，我国羽毛球队获得了男、女团体冠军，在1978年第八届亚运会上，获得了男子团体第二名和女子团体冠军。同年4月，在北京举办了第三届亚洲羽毛球邀请赛。次年，在杭州举办了第一届世界杯羽毛球比赛和第二届世界羽毛球锦标赛，我国运动员取得了男、女团体，男、女单打和男子双打五项冠军。

　　20世纪80年代初，我国羽坛老将韩健、栾劲、陈昌杰、孙志安、姚喜明、张爱玲、刘霞、徐蓉、吴健秋等立下新功，又一代羽坛新秀杨阳、赵剑华、熊国宝、李玲蔚、韩爱萍、林瑛、吴迪西等脱颖而出。1981 年 5 月新的国际羽联成立以后，中国羽坛健儿正式步入了世界比赛的最高舞台。同年，在美国第一届世界运动会(非奥运会项目)上，我国选手陈昌杰、张爱玲分别获得男、女单打冠军，孙志安、姚喜明和张爱玲、刘霞分别获得男、女双打冠军。1982 年，我国羽坛健儿首次参加汤姆斯杯比赛，在决赛中勇挫世界冠军——印尼队，获得第十二届汤姆斯杯冠军。次年，中国女队以 5 比 0 的绝对优势打败印尼女队，获得第十届尤伯杯冠军。尤其在 1986 年的第十四届汤姆斯杯赛和第十一届尤伯杯赛中，中国羽坛健儿在号称世界羽毛球王国的印尼，双双荣获世界羽毛球男、女团体冠军。这是世界羽坛上的伟大创举，震撼了世界羽坛。为表彰中国男、女羽毛球队的功绩，感谢中国对发展世界羽毛球运动的贡献，经国际羽联批准，在中国设一个比赛站，每年举办五星级的世界系列羽毛球大奖赛，即中国羽毛球公开赛。首届中国羽毛球公开赛于 1986 年——中国羽协成立 30 周年之际，在中国羽毛球运动的摇篮——福建省福州市举办。

为适应世界羽毛球运动快速发展的需要，培养裁判骨干队伍，提高裁判员的英语水平和业务水平，国家体委先后于 1984 年、1988 年在上海举办了全国羽毛球裁判员英语学习班和骨干裁判员学习班，以便更好地完成国际比赛裁判工作。在国家体委羽网处的领导下，还相继举办了编排学习班，首次全国羽毛球裁判长学习班于 1990 年 4 月在桂林举办。

　　为加速我国青少年羽毛球运动员的培养，在国家体委群体刊业训处和羽网处的主持下，1987 年制定了我国《羽毛球教学训练大纲》试行稿。1989 年 3 月，中国羽协科研委员会充实、健全了机构，有计划、有步骤地开展了各种科研活动。为加强教练员队伍的培训，国家体委还建立和健全了教练员岗位责任制，具体制订出高级、中级、初级教练员岗位的培训计划。

　　1987 年 5 月，第五届世界羽毛球锦标赛在北京举行，我国羽毛球健儿囊括了全部五项冠军。1988 年 5 月，国家羽毛球队又获得第十五届汤姆斯杯赛和第十二届尤伯杯赛桂冠，同年 8 月，在曼谷举行的第八届世界杯羽毛球锦标赛上，中国选手又囊括了全部五项冠军。1989 年 5 月，在印尼雅加达举行了首届男、女混合团体赛——苏迪曼杯，由于主力队员受伤病困扰，我国选手只屈居第三名。然而，在紧接着举行的第六届世界羽毛球锦标赛上，我国选手勇夺男、女单打，男、女双打冠军，同年 11 月，在广州举行的第九届世界杯羽毛球锦标赛上，我选手又获得了男子单打、女子双打两项冠军和女子单打亚军。1990 年 10 月，在北京举行的第十一届亚运会上，我国羽毛球队在团体、单项赛上又取得优异的成绩，充分显示了中国羽毛球队的实力。然而，随着杨阳、赵剑华、熊国宝、李玲蔚、韩爱萍等优秀运动员的相继退役，我国羽毛球队失去了在世界羽坛的绝对优势地位。当今世界各国羽毛球强队的实力旗鼓相当，世界级优秀运动员的水平相差无几，各有特点，难分伯仲。

三、羽毛球运动的锻炼价值

羽毛球运动是一项趣味性强，基本技术较易掌握，规则简单，场地较小，器材简便，易于开展的球类运动。两个人两只球拍一个球，在大厅、礼堂、过道、广场、校园、公园或一片小空地等处便可挥拍进行打球。因此，羽毛球运动深受人们的喜爱，极易普及推广。

羽毛球运动的特点是：不受性别、年龄、身体条件和技术水平的限制，运动量可大可小，可根据个人的身体条件和技术情况进行锻炼或比赛。

根据有关技术统计资料分析，一场三局二胜，激烈的羽毛球比赛需要耗时 50~90 分钟，运动员要在 35 平方米的场地上完成向前向后、向左向右、不断变向奔跑 3000 米左右，挥拍击球 500 次左右，有时为了一球的剧烈争夺需要来回数十拍，心跳剧增达到 180 次/分，心脏排出的血液和肺部的呼吸次数比平时大为增多，运动员的体力消耗很大，往往会出现生理上的"极点"现象。

众所周知，羽毛球拍虽轻，仅 120 克左右。然而，要用球拍把重量仅 5 克左右的羽毛球从场地一端线击到另一边端线，并非轻而易举的事，尤其在被动情况下只能用低手击球时，要摆脱困境打一个高远球到对方底线，就更不容易了。羽毛球比赛中球的飞行方向变化莫测，要求运动员在本方场区内不断地随球跑动，向前、向后、向左、向右，有时还要重复奔跑，甚至边跑边跳边挥拍击球，这就要求运动员必须具备良好的速度和灵敏度。若双方实力相当，一分一球争夺激烈，往往需要征战几百个回合，历时八九十分钟方能决出胜负，这就要求运动员具备良好的耐力。

经常打羽毛球，可以加快人体血液循环、增强心血管系统、呼吸系统等内脏器官的功能，发展人体的灵敏性和协调性，提高动作速度和上、下肢活动能力，提高身体素质，使身体得到全面发展，达到增强体质的目的。同时，经常打羽毛球，还可以培养人们勇敢顽强、机智灵活、沉着果断等优良品质和作风。

第二节　羽毛球基本技术

羽毛球技术是指运动员在羽毛球比赛中所采取的合理动作的总称。羽毛球技术是在比赛实践中逐步形成、发展和完善起来的。随着羽毛球运动的日益发展，羽毛球技术不仅在内容上更加丰富，而且动作难度也在不断提高。当今的羽毛球比赛要求运动员在快速激烈的对抗条件下，准确地完成发球、接发球、击球、起动和步法移动等技术动作。因此，运动员只有熟练地掌握羽毛球技术，才能在比赛中有目的地采取行动和正确合理地处理球，以达到战术上的要求。

技术是战术的前提，是完成战术打法的基础。运动员在比赛中作战能力的强弱与他所掌握的基本技术关系极大。一般地说，基本技术掌握得越正确、越熟练、越全面，运用战术时就越灵活、变化越多、效果越好，而战术的不断发展和丰富，对技术又会提出新的更高的要求。因此，练习打羽毛球的人要充分认识基本技术的重要性，从基本技术上狠下功夫，全面发展，不断提高。当然，对战术、身体素质的训练和战斗作风的培养也绝不可忽视。

羽毛球运动是一项技术动作复杂、技术性很强的运动项目。在比赛中运动员不仅需要有良好的击球方法，而且还要具备灵活的移动步法。因此，羽毛球运动的基本技术，大致可以分为手法和步法两大类。

羽毛球技术分类如下所示：

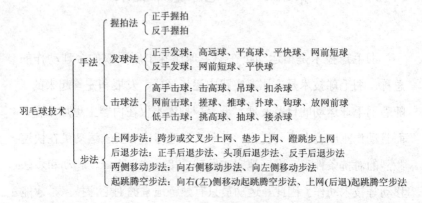

一、握拍法

握拍法是指运动员手握球拍柄的方法。握拍法是羽毛球运动最基本、最重要的技术，它对于掌握和提高羽毛球技术水平有着密切的关系。运动员握拍的正确与否，会直接影响击球的准确性，还会影响技术的全面发挥和提高。因此，初学打羽毛球者，首先应该认真学习正确的握拍方法。

羽毛球拍的握拍方法有两种：正手握拍法和反手握拍法。以下技术均以右手握拍为例。

(一) 正手握拍法

正手握拍法又称"握手"式握拍法。握拍时先用左手拿住球拍杆，使拍面与地面垂直，再张开右手，使虎口对着球拍拍框的内侧，手掌小鱼际肌靠在球拍柄端，小指、无名指、中指自然并拢，食指和中指稍分开，大拇指的内侧和食指贴在拍柄的两个宽面上将球拍柄握住。握拍时掌心不要贴紧拍柄，要使掌心与拍柄保持一定的空隙，如图2-1所示。

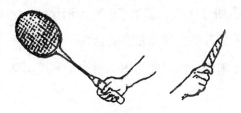

图2-1 正手握拍

正手发球、身体右侧的放网前球、击肩下球和肩上球以及头顶击球等一般都采用正手握拍法。

(二) 反手握拍法

反手握拍法是在正手握拍的基础上，将大拇指伸直用其第一指节内侧顶贴在拍柄内侧的宽面上，食指收回，与拇指同(或略)高，用大拇指和食指将球拍稍向外转，中指、无名指、小指紧握拍柄，拍柄端近靠小指根部。握拍手与拍柄之间留有空隙，以便能充分利用手腕力量和大拇指的内侧压力击球，如图 2-2 所示。

图 2-2　反手握拍①

随着羽毛球运动的日益发展，速度加快、打法先进、技术细腻，因此又产生了另一种反手握拍法：将大拇指第一指节内侧自然贴在拍柄的窄棱面(图 2-3)上，握拍手心与拍柄保持一定间隙。这种握拍法能充分发挥各手指的力量和灵活性，击球时技术动作小，爆发力强，球速加快，同时能运用手指力量来控制球，使球的落点更佳。

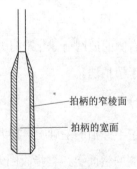

　　　——拍柄的窄棱面

　　　——拍柄的宽面

图 2-3　反手握拍②

反手发球、身体左侧的击肩下球和肩上球等一般都采用反手握拍法。

掌握正确的握拍方法，须注意以下几点：

1. 握拍要活、松、变

活——握拍时，不宜使劲紧握球拍柄，以免影响手腕、手指动作的灵活性。握拍过紧，击球时难于发力，限制技术的正常发挥。

松——握拍时，几个手指要自然分开放松握住球拍柄，掌心不要紧贴拍柄，手心到虎口之间应留有空间，只有在用力击球瞬间，才紧握球拍柄，以免球拍脱手。

变——在不同的位置、角度或使用不同的技术时，握拍方法也要作相应的细微变化才能打好球。握拍时要善于运用手指的发力加以变化，以达到技术动作的一致性。

2. 发力

发力是指羽毛球运动员在击球时所用的或突发出的力量。过去常说，打羽毛球时手的发力主要是以小臂和手腕的力量为主。然而，随着羽毛球运动的日益发展，技术动作细腻，击球速度快，发力强，单靠小臂和手腕的力量已难以适应，因此必须运用和发挥手指的力量，使手腕、手指两者有机地结合起来，方能符合当今羽毛球技术发展的需要。

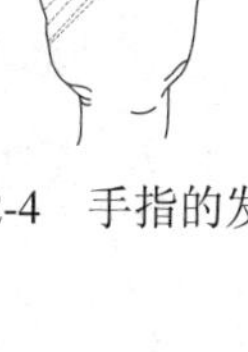

手指的发力，主要是运用大拇指、食指和中指的力量，以及手掌左侧大半部位的力量加以配合(图 2-4 有虚线部位)。无名指和小指只

图 2-4　手指的发力

起协调作用，用以发挥灵活性和击球力量，协作转动球拍，使击球力量更大些。例如：要将一枚硬币在桌面上旋转得快，持续时间长，只有综合运用大拇指、食指和中指的力量和技巧才能做到。

3. 反手握拍法的用力

反手握拍法若采用大拇指的内侧顶贴在拍柄的宽面上的方法，主要是运用小臂和手腕的力量来发力，用大拇指控制球的落点，它需要大的技术动作才能发挥小臂和手腕的力量完成反手击球。若采用大拇指的内侧自然贴在拍柄的窄棱面上的方法，则更能充分发挥各个手指的力量和灵活性，用指力来控制球，使击球技术动作小，隐蔽性强，爆发力强，落点更佳。

初学握拍易犯的错误：

(1) 握拍手小指、无名指、中指和食指并列，握拍太紧，或成"拳握"式的握拍。

(2) 握拍手食指贴在球拍柄的上端部分。

(3) 握拍太前，拍柄末端露出过长，影响手腕动作。

(4) 握拍手虎口贴在拍柄的宽面。

二、发球与接发球

(一) 发球

发球是羽毛球运动的一项非常重要的基本技术之一。发球质量的好与坏，直接关系到比赛的主动与被动，甚至直接关系到比赛的胜与负。因此，发球在羽毛球比赛中占有非常重要的地位，只有重视发球技术的掌握和合理运用，方能在比赛中获胜。

羽毛球运动的发球技术，按其动作分为：正手发球和反手发球两种。按球在空中飞行的弧线可分为：高远球、平高球、平快球和网前球等四种(见图 2-5)。按比赛项目划分，则有单打发球和双打发球两种。

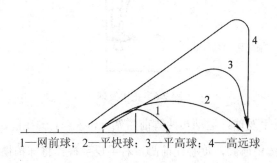

1—网前球；2—平快球；3—平高球；4—高远球

图 2-5　发球的分类

1．发球站位与准备姿势

(1) 发球站位。

发球站位指运动员在开始发球前，选择有利位置的选位方法。一般情况下，单打发球站位的运动员应选择在球场中心中线附近，站在规定场区内离前发球线 1～1.5 米处，双打发球站位则可站在靠近前发球线的地方。

(2) 准备姿势：

① 正手发球：运动员两脚前后站立与肩同宽，侧身对网，左脚在前(脚尖向网)，右脚在后(脚尖侧对网)，身体重心在后脚。右手

持拍向右后侧自然举起，屈肘，左手持球举于身前腹胸间处，眼睛注视对方，发球时，重心由后脚移至前脚，如图 2-6 所示。

图 2-6 正手发球

② 反手发球：运动员两脚前后站立，左(右)脚在前，右(左)脚在后，上体稍前倾，重心在前脚，右手反手握拍将球拍摆在左腰侧前，肘部微屈稍抬高，拍框朝下，拍面稍后仰，握拍手自然放松，左手持球于腹前腰下处，如图 2-7 所示。

图 2-7 反手发球

羽毛球规则规定：

发球时，发球员的"两脚都必须有一部分与地面接触，不得移动，直至将球发出"。在击球瞬间，"发球员的球拍必须先击中球托，与此同时整个球要低于发球员的腰部"；"拍杆应指向下方，从而使整个拍框明显低于发球员的整个握拍手部"。初学者首先必须弄懂这些规定，以免发球违例。

2. 正手发球

正手发球一般用于单打比赛中的发高远球、平高球、平快球，同时也可用于发网前短球。

(1) 正手发高远球。

发高远球主要是把球发得又高又远，使球飞行到对方底线上空时，几乎垂直下落，球的落点在对方场内端线附近。

动作要领：

站位与准备姿势见上所述。发球时，重心由后脚前移至前脚，持球手松开使球自然下落。紧接着右手持拍沿着向下而上的弧线自然地沿着身体向前上方挥摆，手部自然伸腕。球拍触球前刹那，小臂带动手腕向前上方"闪动"，手紧握拍柄，利用手腕、手指爆发力以及拍面的前半部击球。击球瞬间，拍面正对出球方向，击球点在发球员的右前下方。球拍击球后随惯性向左侧上方继续挥摆。出球飞行弧度与地面仰角一般大于45°角，如图2-8所示。

发高远球时要注意使身体重心转移的力量和手臂挥动力量以及手腕、手指的爆发力量有机地结合起来，以使发球动作自然协调，出球有力准确。

图 2-8　正手发高远球

易犯的错误：

①　大臂直臂挥拍，未能发挥小臂、手腕、手指的爆发力量，导致出球无力。

②　发球时，身体重心转移力量、手臂挥动力量和手腕、手指力量结合不当，使发球技术动作僵硬、不协调。

③　持球手放球与持拍手向前挥拍时机配合不当导致过早击球，击球点不准，影响发球质量。

④　击球瞬间，拍面角度掌握不当，以致出球落点不准。

⑤ 发球结束后，球拍未顺势向左上方挥摆缓冲，而是向右上方挥摆，动作失调，影响击球力量。

(2) 正手发平高球。

平高球在空中的飞行弧度稍低于高远球，而飞行速度稍快于高远球，球较快地越过对方身体落在对方场内端线附近。发平高球是发球抢攻的手段之一。

动作要领：

站位与准备姿势同发高远球。挥拍击球时不要紧握拍柄，利用小臂挥动力量带动手腕、手指向前上方击球。拍面稍向前推送，使出球仰角小于 45°角，球运行到至高点后逐渐下落至对方场内端线附近。

(3) 正手发平快球。

发平快球又称发平球，是把球发得又平又快，使球快速落在对方场内端线附近。平快球突袭性强，往往能使对手措手不及而造成被动或失误。发平快球堪称为发球抢攻的重要手段。

动作要领：

准备姿势同发高远球，站位稍靠后些。击球瞬间紧握球拍柄，利用小臂挥动力量带动手腕、手指力量快速向前击球，拍面仰角小于 30°角，使球越网而过直插后场，向对方反手部位或空当飞行。

易犯的错误：

① 发平高球、平快球时在击球瞬间拍面仰角掌握不好，使出球的飞行弧度不佳。

② 击球瞬间发力控制不当，影响球的飞行速度，导致球的落点不准。

(4) 正手发网前短球。

发网前短球是把球发至对方发球区内前发球线附近。球的飞行速度较慢，飞行弧度较低，使球"贴网"而过。它是双打比赛最常用的发球方法，在单打比赛，用于对付接网前球较差的对手，有时也可以作为过渡性的发球，或发球抢攻战术的手段。

动作要领：

准备姿势同发高球。只是在发球时，挥拍幅度较小，击球瞬间不需紧握拍柄，而是利用手腕和手指的力量从右向左横切推送，将球轻轻发出，使球贴网而过，如图 2-9 所示。

图 2-9　正手发网前短球

易犯的错误：

① 不善于利用手腕、手指力量做横切推送的击球动作，使击球力量不当，球的落点不准。

② 在击球瞬间，拍面仰角掌握不好，影响球的飞行弧度或发

球质量。

3. 反手发球

反手发球一般用于发平快球和发网前短球。这种发球，主要是用大拇指发力，以大拇指及其他手指力量来控制球速和落点。所以，有动作小、速度快、一致性强等特点，易于迷惑对手。一般情况下，双打比赛多采用反手发球法。

(1) 反手发网前短球。

反手发网前短球的站位与准备姿势如前面所述。准备击球时手腕内屈，击球瞬间利用小臂带动手腕、手指力量向前横切推送，将球击出。发球时，挥拍较慢，力量较轻，球的落点近网，当球"贴"网而过后即往下坠落在对方发球区内前发球线附近，如图2-10所示。

图 2-10 反手发网前短球

(2) 反手发平快球。

反手发平快球的站位与准备姿势同反手发网前短球。击球时手紧握拍柄，掌握好拍面角度，加快挥拍速度，注意"甩"腕与手指动作的配合，产生爆发力将球向前或前上方(平高球)击出。

反手发球易犯的错误：

① 击球瞬间，球拍杆未朝下，使球拍拍框高于发球员整个握拍手部，造成发球"过手"违例。

② 击球时有提拉动作，使击球瞬间整个球高于发球员的腰部，造成发球"过腰"违例。

③ 击球瞬间，拍面角度掌握不当，使出球弧度过低或过高，过低导致下网，过高则易于被对方扑球反攻。

发球注意事项：

① 不论发高远球、平高球、平快球还是发网前短球，都应注意发球姿势和发球动作的一致性，使对手不易发现或看出自己的发球意图，以便取得比赛的主动。

② 正手发球时，应注意使身体重心转移力量、手臂挥动力量和手腕手指力量的有机结合，使发球动作自然、协调、放松、优美。

③ 发球结束以后，应迅速站好位置或调整站位，积极做好回击对方来球的思想准备和准备姿势，以免措手不及或被动还击造成失误。

(二) 接发球

随着羽毛球运动的日益发展和技术水平的不断提高，当今羽毛球比赛中控制与反控制争夺非常激烈。因此，掌握比赛的主动权成为取得比赛胜利的重要保证。采用发球多变和发球抢攻来打乱接发球方的反击战术，是发球方夺取比赛主动权的重要手段。与此相适应，为了对付或克服发球方的发球，以求后发制人，接球员的接发球技术也就成为一项重要的基本功。

下面就接发球技术的站位和姿势以及如何接发球等作简单介绍。

1．单打接发球站位和姿势

在右发球区接球时，运动员应站在靠中线离前发球线约 1.5 米处接球，主要是防备发球员利用发平快球直接进攻反手部位，避免被动接发球；在左发球区接球时，运动员则应站在该发球区内的中间位置接发球。

准备姿势：

两脚前后开立，一般应左脚在前右脚在后，身体侧身对网，重心在前脚，后脚脚跟稍离地，双膝微屈，收腹含胸，左手自然抬起屈肘，右手持拍于右身前，思想集中，两眼注视对方，如图 2-11 所示。

图 2-11　单打接发球准备姿势

2．双打接发球站位和姿势

由于双打比赛多半采用发网前短球(发高球容易长球或被对手扣杀)，所以，双打比赛接发球员接发球可在接发球区内离前发球线较近的位置，以利于对付对方的网前球，或利于快速上网击球。

准备姿势：

与单打接发球准备姿势基本相同，身体重心可随意放在任何一脚上，球拍要举高以争取主动。在右发球区接发球时要注意防备发球员采用发平快球突袭反手部位。

3．接发球方法

接发球员如何接发球，应根据对方的发球路线、弧度、速度或发球质量，以及对方的技术特点等采取不同的接发球或回击办法。接发球的球路和落点变化应结合战术的运用，做到以己之长，攻彼之短。

当对方采用发高远球或平高球时，则可以用平高球、吊球或扣杀球进行回击。一般来说，接高远球是一次进攻的机会，回击得好就能掌握主动权。因此，初学打羽毛球者必须努力提高后场进攻的能力，如图 2-12 所示。

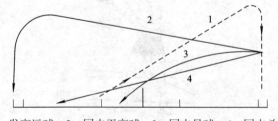

1—发高远球；2—回击平高球；3—回击吊球；4—回击杀球

图 2-12　接发高远球技术

当对方发网前球时，则可以用平高球、高远球、放网前球或平推球进行回击。如果对方发球的质量不高，或球离网顶较高过网，则可采用扑球进攻。若对方企图发球抢攻，而自己防守能力较差，则以放网前球或平推球为宜，落点要远离对方站位，控制住球，不让对方进攻；若对方连续采用发球抢攻时，接发球一定要冷静、沉着，不能疏忽麻痹，保证回球质量，不能让对方抢攻得手，如图2-13所示。

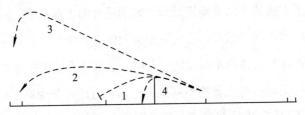

1—发网前短球；2—回击平推球；3—回击平高球或高远球；4—回击放网前球

图2-13 接发网前球技术

当对方发平快球时，一般采用平推球或平高球还击，以快制快。由于接发球员回击的击球点比发球方高，因此，下压得狠一些则可以取得主动。其次也可采用高远球还击，以逸待劳，不能仓促地回击网前球，否则，击球质量不高，造成对方攻击，如图2-14所示。

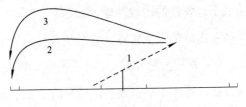

1—发平快球；2—回击平推球；3—回击平高球

图2-14 接发平快球技术

三、击球法

击球是羽毛球运动最重要的基本技术之。要想打好羽毛球，必须掌握正确的击球方法。羽毛球重量很轻，仅 5 克左右，要想击出一个有高度、有远度、有速度的球，的确是一件不容易的事，要将对方击来的各种球有效地回击到预想的目标或落点，则更难了。然而掌握了正确的手法就能很好地掌握羽毛球的击球技术，同时还应注意击球动作的一致性，使对方不易判断。

根据球与人体的不同位置，击球方法可分为正手击球和反手击球；根据击球点与人体的不同位置，击球方法可分为高手(上手)击球、低手(下手)击球和网前击球。高手击球有击高远球、平高球、吊球、扣杀球；低手击球有挑(拉)球、抽球、接杀球；网前击球有放网前球、搓球、平推球及扑球等。

(一) 高手击球

高手击球又称上手击球，一般将击球点高于头部的击球称为高手击球。它具有击球点高的特点，甚至可以跳起凌空击球，击出接近于平行地面或下行弧线的进攻性球。速度快、力量大、主动性强、进攻威力大是高手击球的最大优点。它是快攻打法的最基本技术。在双打比赛中，为了发挥力量和速度，高手击球更具有特殊的作用。半蹲式的击球方法，将拍子举得高些，其目的是要争取更多的高手击球的机会。

1. 高远球与平高球

击高球技术可分为击高远球和击平高球两类。

高远球是指球的飞行弧度高，落点在对方场区底线附近的高球。从进攻方面来讲，高远球可迫使对方退离中心位置，削弱对方进攻威力，消耗对方体力，使对方回球出现失误；从防守方面来说，当对方连续进攻，自己步法比较忙乱时，击高远球则易争取时间回中心位置，摆脱被动局面。

平高球是指球的飞行弧度不太高，落在对方场区底线附近的高球。平高球飞行弧度较低，球速快，故具有更大的进攻威力，是用于快速调动对方、创造进攻机会的重要手段。尤其当对方从网前击球后，利用平高球攻击对方后场效果较好。

2. 正手击高球、反手击高球和头顶击高球

击高球技术有正手击高球、反手击高球和头顶击高球三种。

(1) 正手击高球。

动作要领：判断来球路线和高度，迅速移位使球下落于右肩稍前上空，侧身对网，左脚在前右脚在后，重心在右脚；右手屈臂将球拍举在右肩上，拍面对网，左手屈肘自然举起准备击球；当球下落至接近击球点高度时，胸部舒展，握拍手小臂向后移动，肘部自然抬起使球拍挥至头后，自然伸腕；击球时，右腿蹬地，转体收腹协调用力，大臂带动小臂送肘上举，小臂向前"甩"出(带有内旋动作)，击球瞬间，手臂几乎伸直，"闪"动手腕，用手臂、手腕和手指力量将球击出。若拍面向前上方则击高远球，若拍面稍向前上方

则击平高球。击球后，手臂顺惯性向右前下方挥摆收拍于上体前，重心由右脚移至左脚，如图2-15所示。

图2-15　正手击高球动作

正手击高球的技术难点在于：

① 以肩为轴，通过大臂带动小臂最后"闪"动手腕，用小臂、手腕和手指力量击球。

② 击球瞬间产生爆发力，以"抽鞭"式的动作把球"弹"出。

易犯的错误：

① 准备击球时，身体未侧对网，重心未移后脚，没有形成"满弓"姿势，影响全身的协调。

② 挥臂击球时，不是以肩关节为轴，而是以肘关节为轴，手臂未自然伸直，影响挥臂幅度和力量的发挥。

③ 击球时，只靠大臂挥拍，造成出球无力，而且肩部容易疲劳和酸痛。

④ 步法移动不积极或不到位，造成击球点选择不当，影响全

身力量的发挥和击球质量。

⑤ 击球时，不是用"爆发"力把球"弹"出，而是把球"推"出，造成出球乏力。

⑥ 握拍过紧，影响腕部的灵活性。

(2) 反手击高球。

动作要领：判断来球路线和高度，迅速移位，最后一步右脚前交叉向左侧底线跨出，背部向网，重心在右脚，举拍于左胸前，双膝微屈准备击球；击球时，下肢由屈到伸用力，持拍手肘关节举高用大臂支撑，当球在右侧上空下落时，大臂带动小臂把肘关节上举与肩同高，以肘关节为轴，小臂伸直并外旋，以小臂带动手腕、手指力量"闪"动，在右侧上方向后击球，击球后迅速转体面向网，如图 2-16 所示。

图 2-16　反手击高球动作

反手击高球的技术难点：背对网自下而上"甩"臂击球时，配合全身的协调动作，用大拇指第一指节内侧顶住拍柄"闪"动手腕。

手腕的羽毛球"闪"动一般由屈腕经小臂内旋至伸腕，其"闪"动路线经外侧向前"抖"动，如图 2-17 所示。

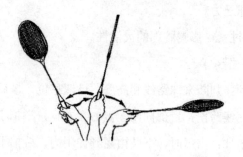

图 2-17 "闪"动手腕

易犯的错误：

① 步法移动不到位，身体重心未调整好，影响全身协调用力。

② 转身慢，击球点低。

③ 击球时，靠大臂挥拍，未能"闪"腕，不能运用大拇指的力量击球，出球无力。

④ 挥拍最高速度不是在击球瞬间，而是在击球之后，以致爆发力没有用到"点"上。

(3) 头顶击高球。

头顶击高球指击球员在击球时，球拍由击球员右后侧绕过头顶，在左肩上方用正手击球的方法。它是我国羽毛球运动员在左后场区常用的一种击球方法。这种击球技术具有积极主动、快速凶狠的风格特点。

头顶击高球动作要领：准备姿势与正手击高球相同，击球时，步法移动要快，击球点选择在左肩上方或偏后的位置，身体侧身偏左稍后仰；球拍从右后侧绕过头顶后，由左肩上方向前挥动小臂带动手腕、手指力量快速"闪"动击球。有一定水平的运动员在主动情况下，多数运用起跳击球法。击球后，左脚在身后落地并立即回蹬，重心移至右脚，迅速回中心位置，如图2-18所示。

头顶击高球的技术难点：球拍绕过头顶击球，要结合身体协调性、腰部柔软性和身体重心的调整。

图2-18　头顶击高球动作

3. 吊球技术

吊球是指把对方击来的高球从后场区还击到对方的网前区。吊球在比赛中运用较多，它与高远球、扣杀球结合运用，常能造成对方判断上的困难。吊球具有较大的威胁性，是调动对方、打乱对方阵脚、组织战术配合的一种击球技术。虽然吊球用力较小，但却需要很高的准确性。

根据来球的不同路线和高度，吊球可采用正手或反手、高手或低手来打。高手吊球按球的飞行弧线和击球动作的不同可分为劈吊、轻吊和拦截吊三种，如图 2-19 所示。

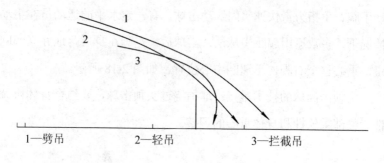

1—劈吊   2—轻吊   3—拦截吊

图 2-19 吊球的分类

(1) 劈吊是指对方来球较高时采用的一种向前快劈的吊球动作。劈吊球速较快，离网较高，球的落点在对方前半场离边线 50 厘米左右。

(2) 轻吊是指吊球时用力较轻，球速较慢，球的落点在对方前发球线以内 50 厘米左右。轻吊技术带有"切削"动作。

(3) 拦截吊是指把对方击来的平高球拦截回去。其优点是球的落点，离球网较近，但球速比劈吊球速慢，球越过网后可垂直下落。

吊球技术动作要领：准备姿势与击高球、扣杀球相似，只是击球时用力不同。在挥动球拍时，拍面成半弧形，击球瞬间前臂突然减速，快速"闪"动手腕击球托的偏右侧(头顶吊球及反手吊球击球托的偏左侧)。打对角吊球时，当对方来球较高时，手腕向下切削的角度要大些，力量稍大些；当对方来球较平时，手腕向前推的动作要大些，向下切削的力量要小一些，如图 2-20 所示。

图 2-20 吊球技术动作

不论劈吊还是轻吊，都要注意手腕灵活"闪"动，即注意爆发力的运用，同时还要注意掌握好击球点和控制好击球力量，将球吊准。

拦截吊球和假动作配合运用更具有一定的威力。拦截对方击来的半场球或弧线较低的平高球能出其不意地达到进攻的效果。

吊球的技术难点：灵活"闪"动手腕，掌握好击球点和控制切削动作的击球力量。易犯的错误：

① 吊球时，击球点掌握不好，影响吊球质量。

② 击球时，不用"切削"动作击球，而是往下拉球拍。

③ 击球姿势和动作与击高球、扣杀球有明显不一致，以致对方容易识破吊球意图。

4．扣杀球技术

扣杀球是指把对方击来的高球，在尽量高的击球点上，用力快速地往对方场区斜压下去。球的飞行弧线直，下落速度快，力量大。它能给对方造成很大的威胁，是羽毛球比赛重要的得分手段。因此，掌握好扣杀球技术是非常重要的。

扣杀球技术从手法上划分可分为正手、头顶和反手扣杀球三种，其中正手扣杀球是最基本的技术，初学者必须首先掌握好，从扣杀力量上划分有重杀球、轻杀球和点杀球(杀球力量不大，球速较快，落点近前场)三种；从杀球落点上划分有长杀(落点在对方后半场)和短杀(落点在对方中场)；从杀球方向划分有直线和对角线扣杀球(杀直线球和杀对角线球)两种。

上述几种扣杀球均可原地杀球，也可跳起杀球。任何一种杀球都容易造成对方慌张，具有很大的威胁性，在比赛中往往能起决定性作用，它不仅是得分的主要手段，而且也是组织战术配合的有效技术。

(1) 正手扣杀球。

动作要领：准备姿势、击球动作与正手击高球大致相同，不同的是在击球瞬间需用全力，充分利用右腿的蹬力、腰腹力、手臂腕力及重心的转移，迅速将球向前下方击出。球拍触球时拍面前倾向前下方用力，手握紧球拍，击球点在右肩稍前上方。击球后球拍随惯性向左下方摆，身体重心由右脚移至左脚，如图2-21所示。

易犯的错误：

① 杀球时，精神、肌肉过于紧张，使不出劲来。

② 击球时，压腕不够，球不是向下疾落。

③ 击球点掌握不好。击球点低，致使杀球落网；击球点偏后，则不易发力，不易控制落点。

④ 击球瞬间拍面角度和用力方向不合适。

⑤ 杀球时大臂下拉，导致杀球落网等。

图 2-21　正手扣杀球动作

(2) 头顶扣杀球。

动作要领：准备姿势、击球动作与头顶击高球相似，当球恰好落在头顶上空或左肩上空适当高度时，持拍手臂向上举拍并绕头由左肩上，突然加快小臂、手腕的"闪"动并下压，同时右脚向左后方蹬地跳起，左脚后撤，身体成背弓形，利用腰腹力和手部力量协调地向前下方用力将球击出。左脚着地时，要快速蹬地起步回位，准备回击下一个来球。

(3) 反手扣杀球。

动作要领：准确判断对方来球，迅速移动步法到合适的击球位置，最后一步右脚向左后侧跨出，背对球网，反手握拍，持拍手屈臂将球拍举至左肩上方准备击球。当球落到右肩上方适当高度时，肘关节向上举高，以肘关节为轴，用左脚蹬力、腰腹力、肩力及大臂带动小臂，手腕、手指快速用力向后击球。击球瞬间握紧球拍，手腕快速用力向前下方扣压。

(二) 网前击球

网前击球技术是一项可以调动对方，使战术多变的击球方法。它是羽毛球基本技术中比较细腻的技术之一。在当今羽毛球运动防守力量加强、步法灵活的情况下，网前击球技术往往能成为取胜的有力武器。尤其在双打比赛中，网前击球技术的好坏，关系到前半场的主动权，关系到战局的成败问题。

网前技术也是我国羽毛球运动员的特长之一。在 20 世纪 50 年代以前，我国羽毛球技术发展不全面，主要战术是后场进攻，自 60 年代中期起，我国羽毛球运动员在快攻思想指导下，进一步发展了羽毛球技术，在掌握好后场技术的基础上改进网前技术，通过网前技术争夺网前主动权，通过网前技术创造有利的中后场进攻机会，使前、后场技术密切地衔接起来，互相依赖，互相促进，在战术运用上进入了一个新的境界。

网前击球技术包括搓球、推球、勾球、扑球和被动放网前球等。网前击球技术较复杂，但是，就其基本技术动作而言却有许多共同之处。因此，在学习该技术时，要注意领会以下要点：

① 握拍要活，要充分利用手腕、手指的力量来控制球路和落点。要更多地运用手指发力来提高手指控制球的能力。

② 技术动作要比较细腻，击球手法一致性要强，以使对方不易事先判断。

③ 上网步法要快，以争得较高的击球点，使进攻威胁性大。

④ 无论击哪种球，出手要快，动作要小，击球点要高。

1. 网前搓球

网前搓球是羽毛球技术中动作较细腻的一种，是网前技术中的高难击球动作，是放网前球技术的发展。它具有击球点较高、动作细腻的特点，利用手指的灵活性和爆发力，进行"搓"、"切"和"挑"，以改变球在空中的正常运行轨迹，给对方回击造成较大的困难，或迫使对方挑高球。因此，网前搓球是羽毛球比赛中创造进攻机会的一种手段。

网前搓球技术有正手和反手搓球两种。

(1) 正手搓球。

动作要领：上网步法要快，左脚蹬地右脚向网前跨成弓箭步，侧身对网，重心在右脚。持拍手臂向前伸出，出手要快，握拍手腕和手指自然放松。击球时，前臂稍外旋，拍面与球网成斜面向前。用手指控制好拍面并发力，使搓出的球尽可能贴网而过，如图 2-22 所示。

图 2-22　正手搓球动作

挥拍时，腕部由展腕至收腕"闪"动，带动手指向前"切削"，搓击球托侧底部，球呈下旋翻滚过网；或腕部由收腕至展腕"闪"动，带动手指离网"提拉"，搓击球托侧底部，球呈上旋翻滚过网。

(2) 反手搓球。

动作要领：上网步法要快，左脚蹬地右脚向网前跨成弓箭步，侧身背对网，重心在右脚，握拍手臂向前伸出，出手要快，手腕、手指自然放松，前臂稍上举，手腕前屈，握拍手部高于拍面，反拍迎球。击球时，主要靠前臂的前伸外旋和手腕由内收至展腕的弹力，带动手指离网"提拉"，搓击球托的侧底部，使球呈上旋翻滚过网。

在进行搓球时要注意用手指控制拍面，用手指发力，击球点要高且近网，搓出的球要尽可能贴近球网，旋转翻滚性能越强，对方回击就越困难。

2. 网前推球

网前推球是把对方击来的网前球快速推向对方后场底线，球的飞行弧线较低平，球速较快，给对方造成回击的困难。网前推球是羽毛球技术中的一种进攻技术。

网前推球技术有正手和反手推球两种，推球时的发力主要用小臂、手腕和手指的爆发力。正手推球时要注意用食指的向前推压力，反手推球时则要注意用大拇指的向前推压力。

(1) 正手推球。

动作要领：准备姿势与网前搓球相似。击球前，肘关节微屈回收小臂稍外旋，手腕后伸，球拍向后摆。此时，小指、无名指稍松升，使拍柄稍离鱼际肌。击球时，身体稍前移，小臂前伸并带内旋，手腕、手指控制拍面角度，手腕由后伸直闪动，食指前压，小指、无名指突然握紧拍柄。球拍急速推击球，球沿边线飞向对方后场底角。击球瞬间，拍面几乎与球网平行，如图2-23所示。

图2-23　正手推球动作

(2) 反手推球。

动作要领：准备姿势与反手网前搓球相似。准备击球时，小臂向左胸前收引，屈肘屈腕。击球时，小臂前伸略带外旋，手腕由屈到伸闪动，中指、无名指和小指突然握紧拍柄，大拇指顶压，向前挥拍，推击球托侧底部，将球推击到对方后场底线。

反手推球时，击球点要高，一般距网顶约 20 厘米为宜。正手推直线球时，击球点在身体的右侧前，推对角线球时，击球点要近肩侧前；反手推直线球时，击球点在身体左侧前，推对角线球时，击球点在近肩侧前方。球的飞行弧线的高低取决于击球瞬间击球点的高低和拍面角度的大小，而拍面角度则要靠手腕和手指来控制。

3．网前扑球

扑球是把对方击来或发来的网前球，在球刚越过网顶上空时，迅速向对方场区扑压下去的击球方法。扑球用力有轻有重，飞行弧线较短，球速较快，威胁性大，是网前技术中的一项进攻性技术，也是双打必练的技术之一。

网前扑球有正手、反手扑球两种，就扑球路线有直线、斜线和扑迫身球三种。

(1) 正手扑球。

动作要领：准确判断来球路线和高度，快速蹬步上网，身体右侧扑向网，球拍随手臂向右前伸斜上举，正拍朝前。准备击球时，小臂外旋，手腕关节后伸，小指、无名指稍松开，使拍柄离开鱼际肌。击球时，手腕由后伸到屈腕闪动，利用小臂、手腕和手指力量向前下方"闪"击球，球拍触球后立即收回。或靠手腕由右前向左前"滑动"式挥拍扑球，以免球拍触网违例。扑球后，球拍随手臂向右侧前下方回收，如图 2-24 所示。

图 2-24　正手扑球动作

(2) 反手扑球。

动作要领：反手握拍于左侧前，当身体向左侧前方跃起时，持拍手小臂前伸上举，手腕外展，拍面正对来球。击球时，手臂伸直，手腕由外展到内收闪动，手握紧拍柄，拇指顶压，加速挥拍扑击球。击球后即刻屈肘，球拍回收，以免球拍触网违例。

扑球的关键在于能否抓住时机，准确判断来球路线和高度。一旦作出判断，上网要快，出手要快。击球时，主要靠小臂的屈伸和转动、手腕的闪动及手指的顶压力量，挥拍距离要短，动作小，发力强，要防止大臂后摆的动作。扑球后球应急速落地，使对方来不及挽救。

4. 网前勾球

把在本方左(右)边网前球击到对方的左(右)边网前处去，称为勾球，或叫打对角线网前球。

勾球有正手、反手勾球两种。勾球时，球的飞行速度快，球斜飞越过网顶时贴网落到对方网前场区内。勾球和搓球、推球等结合运用，常能达到声东击西的目的，更好地调动对方，使对方防不胜防。

(1) 正手勾球。

动作要领：看准来球快速上网，侧身对网，重心在右脚。握拍小臂前伸稍有外旋，手腕稍后伸，手腕、手指自然放松。拍柄稍向外捻动，拇指贴在拍柄宽面，食指第二指节贴在拍柄背面宽面，拍柄不触掌心。击球时小臂稍内旋，手腕由稍后伸至内收闪腕，肘部略回收，拍面朝对方右网前拨击球托侧底部，球沿网的对角线飞越过网，如图 2-25 所示。

图 2-25　正手勾球动作

(2) 反手勾球。

动作要领：看准来球手臂前伸，球拍平举。准备击球时，肘部突然下沉，同时小臂略有外旋。击球瞬间，手腕由屈腕到伸腕闪动，拇指内侧和中指将拍柄向右侧一拉，其余手指突然握紧拍柄，球拍背面朝对方左网前拔击球托侧底部，球沿网对角线飞越过网。

无论正手或反手勾球，在击球瞬间，都应注意用手腕控制拍面的角度。

搓球、推球、扑球和勾球等构成了羽毛球网前技术。网前技术的难点在于握拍要活，动作要细腻，要充分利用手腕、手指的力量来控制球拍，以便击出各种球路和落点不同的球。

网前技术易犯的错误：

① 手腕、手指用力不当，或拍面控制不好，造成出球离网顶过高，或离球网过远，或落网。

② 出手慢，造成击球点过低。

③ 站位离球网过近，妨碍击球动作。

④ 持拍手肘关节高于肩部，动作僵硬。

5．放网前球

放网前球是指运动员在被动情况下，把对方击来的网前球回击到对方网前区域的击球方法。其特点是，击球点低，击球时只用手腕、手指力量把球拍轻轻一托，使球俯卧式越过球网就朝下坠落。质量较好的放网前球可以扭转被动局面。

放网前球技术有正手和反手放网前球两种。

(1) 正手放网前球。

动作要领：准确判断来球路线和落点，快速上网，最后一步右脚在前左脚在后成弓箭步，上体前倾重心在右脚，侧身对网。右手正手握拍向前下方伸臂，小臂外旋展腕，左臂自然后伸，起平衡作用，拍面几乎朝上迎击来球。击球瞬间，手腕稍内屈轻轻闪动，食指和大拇指控制拍面角度和用力大小，球拍向前上力轻轻一托，把球轻击送过球网，如图 2-26 所示。

1   2

3   4

图 2-26　正手放网前球

(2) 反手放网前球。

动作要领：准确判断来球路线和落点，快速向前左侧上网，最后一步右脚在前左脚在后成弓箭步，侧背对网，上体前倾重心在右脚。右手反手握拍向前下方伸臂，小臂内旋展腕，左臂自然后伸，起平衡作用，拍面几乎朝上迎击来球。击球瞬间，腕部伸腕轻闪动，食指和拇指控制拍面角度和用力大小，球拍向前上方轻轻一托，把球轻击送过球网。放网前球时，如遇对方上网封堵网前，此时，则可改放对角线网前球，避开对方的扑杀。

(三) 低手击球

低手击球又称下手击球。其特点是击球点低，一般是在被动或防守时采用的击球技术。虽然低手击球不如高手击球那样具有攻击性和威胁性，但如果运用得当，常常也能起到守中有攻的效果。低手击球是羽毛球防守性击球技术，不论何种水平的运动员，都应予以高度重视，否则就会影响技术的全面掌握和提高。

低手击球包括挑高球(或挑球)、抽球和接杀球等击球技术。

1. 挑高球

挑高球是指运动员把对方击来的吊球或网前球自下而上地挑高回击到对方后场底线上空的击球方法。它是在比较被动的情况下，或过渡局面中常常采用的一种防守性技术。挑高球的飞行弧度较高，下落时间较长，它可使挑球者摆脱不利情况，争取时间重新调整好身体重心和迅速回中心位置迎击来球。

挑高球技术如运用得当，有时还可以为进攻创造机会。挑高球有正手和反手挑球两种。

(1) 正手挑高球。

动作要领：判断来球，快速上网，左脚积极蹬地，右脚跨步向前成弓箭步，侧身对网，重心在右脚。正手握拍，手臂自然向右前方伸出，小臂外旋伸腕，左臂自然后伸起平衡作用。击球时，以肘关节为轴，小臂带动手腕、手指快速由右下方向前上方成半圆形挥拍击球(见图 2-27)。

1　　　　　2

3　　　　　2　　　　　3

图 2-27　正手挑高球

（2）反手挑高球。

动作要领：判断来球，快速上网，左脚积极蹬地，右脚跨步向前成弓箭步，重心在右脚，侧身背对网。反手握拍，手臂向左前方伸出，小臂内旋屈肘屈腕，左臂自然后伸起平衡作用。击球时，以肘关节为轴，小臂带动手腕、手指快速由左下方向前上方成半圆形挥拍击球。

挑高球时，如果对方来球比较贴近球网，击球时则要带点向上"提拉"动作，拍面接近朝上，避免出球落网。

2．抽球

抽球是指运动员把对方击来的低于肩高的球回击到对方底线场区的击球方法。抽球击球点低，其用力特点是以躯干为竖轴做半圆式的拍击球动作。它属于防守性技术，是应付对方的长杀、半场球和平球对攻的反攻性技术。如此技术发挥得当，往往也能起到守中有攻的效果。

抽球有正手、反手抽底线球和正手、反手抽半场球以及半蹲式平抽球等。

（1）正手抽底线球。

动作要领：准确判断来球，快速移动步法，左脚蹬地，右脚向正手底角跨出，侧身向网，上体向右后倒，重心在右脚。正手握拍，手臂向右举拍，大臂与小臂约成 120°角。准备击球时，小臂外旋伸腕，球拍后引，拍面稍后仰。击球时，主要靠小臂带动手腕、手指"抽鞭"式向前挥拍，小臂由外旋到内旋，腕部由伸到屈"闪"

动击球。向前上方用力击球成高远球，向前方用力击球则成平球，如图 2-28 所示。

1

2

3

4

图 2-28　正手抽底线球

(2) 反手抽底线球。

动作要领：准确判断来球，快速移动步法，左脚蹬地，右脚向反手底角跨出，上体前倾背对网，重心在右脚。反手握拍将球拍举于左肩上方。击球时，大臂带动小臂、手腕和手指沿水平方向快速向后挥拍，手臂基本伸直时，小臂外旋，手腕后伸用力"闪"动击球。向后上方用力击球成高远球，向后方用力击球则成平球。

(3) 正手平抽球。

动作要领：右脚向右侧迈出一小步。上体稍向右侧倾，正手握拍，手臂向右侧上摆，屈肘，左脚跟提起。准备击球时，小臂稍后摆带有外旋，手腕由稍外展至后伸，使球拍引至后下方。击球时，小臂急速向右侧前挥动，并由外旋转为内旋，手腕由后伸至伸直并闪腕，手指握紧拍柄高速挥拍击球，由后向右侧稍平地抽压过去。击球后，持拍手顺势向左侧挥摆，左脚向左前方迈一步，准备迎击来球，如图 2-29 所示。

图 2-29　正手平抽球

(4) 反手平抽球。

动作要领：右脚向左前跨一步，上体左转，右手反手握拍向左身前收，屈肘并稍上抬，小臂内旋手腕外展，球拍引向左侧。击球时小臂在向前挥拍的同时外旋，手腕由外展到伸直闪腕，手指握紧拍柄，拇指前顶，迎球挥拍，击球托的底部。击球后球拍顺势盖过去，并随身体的回动收回到右侧前。

(5) 半蹲式平抽球。

半蹲式平抽球指运动员采用半蹲式姿势，把对方击来的位于肩部或面部附近的球还击回对方场区去。它是双打比赛常运用的一种进行对攻的击球技术。

半蹲式平抽球有半蹲正面击球、半蹲右侧击球和半蹲头顶击球三种，如图 2-30 所示。

① 平蹲正面击球　　② 半蹲右侧击球　　③ 半蹲头顶击球

图 2-30　半蹲式平抽球

半蹲式平抽球动作要领：准确判断来球，迅速取半蹲姿势举拍于正面(或右侧或头顶)位置。击球时，主要靠小臂带动手腕、手指快速向前闪动挥拍击球。击球瞬间，拍面是正面触球或是反压触球。反压触球的优点是球越过球网后向前下方疾飞。

抽球的技术难点：右脚向后跨步要稳，击球时小臂带动手腕、手指"抽鞭"式向前"闪"动挥拍击球。

抽球易犯的错误如下：

① 判断来球慢，出手不快，击球时间不准。

② 匆忙追球，步法未到位就急于击球。

③ 击球点选择不好，过于靠近身体，击球时难于发力。

④ 身体重心不稳，影响手臂的击球动作。

⑤ 击球时，没有完成小臂带动手腕、手指"抽鞭"式向前"闪"动，影响击球的爆发力。

3. 接杀球

接杀球是指运动员把对方杀过来的球还击到对方场区内的击

球技术。由于扣杀球是羽毛球比赛中进攻的主要手段之一，因此，接杀球成了防守的主要技术之一。羽毛球比赛中攻守转换频繁，所以攻守技术必须全面掌握。

随着羽毛球攻守技术的不断发展和提高，接杀球时不仅要反应快、起动快、步子移动快、出手击球快，而且球路要活，落点要多变，根据战术的需要变化。接杀球时球的飞行弧度有高球和平球，其飞行路线有直线和斜线，而其落点有左、右前场和左、右后场等。只要运用得当，就可以转守为攻，或反击得利。若回球质量稍差，则有可能给对方连续进攻的机会而处于被动挨打的局面。

接杀球站位意识也十分重要。站位得当，可以弥补判断、反应和移动的不足。在一般情况下，当球在对方右后场时，站位可稍偏左场区；当球在对方左后场时，站位应稍偏右场区，主要侧重于防对方的直线杀球；若对方杀对角线球，由于来球角度较大，球的飞行距离较长，一般来得及接杀。其次要善于抓住对方习惯性杀球路线。如对手习惯绕头顶杀对角线，或正手杀直线，那么就必须根据自己的回球质量和对手杀球情况来调整自己的站位。总之，站位得当才能应付自如。

接杀球有正手、反手接杀球，根据不同的战术需要，可分挡网前球、挑后场高球和平抽反击球三种。

(1) 挡网前球。

挡网前球指运动员把对方杀来的球，借用来球力量及用手腕、手指力量，"反弹"式地把球回击到对方的网前场区内的击球方法。

挡网前球技术有左、右场区接杀近身球和接杀边线球、挡回直线网前球和挡回对角线网前球。

右场区接杀近身球动作要领：右脚向右侧跨一步，两脚略比肩宽，平行站立，上体向右后侧转动至左肩对网，右脚蹬直，球拍向右侧后引对准来球。接杀时，握拍要松，预摆动作要小，借用来球力量以及手腕外展闪腕的同时，食指、中指往拇指方向轻微提拉，其余手指突然紧握拍柄，击球托中下部位。击球瞬间，手腕、手指控制好拍面角度，使球刚飞越球网后下落。挡回直线网前球时拍面正对球网并稍后仰；挡回对角线网前球时，则需调整拍面方向朝对方网前的斜对角，如图2-31所示。

图2-31　右场区接杀近身球

　　左场区接杀近身球动作要领：左脚向左侧迈一小步，右臂屈肘反手握拍于左侧身前小臂内旋，手腕外展，球拍后引对准来球，上体向左后侧转动至右肩对网，左脚蹬地。接杀时，握拍要松，预摆动作要小，借用来球力量以及小臂外旋、手腕伸直闪动，食指、中指轻微提拉，其余手指突然紧握拍柄，击球托的中下部位。接杀瞬间，用手腕、手指控制好拍面角度，使球刚飞越球网后便下坠。

　　接杀近身球挡回对角线网前球的动作要领与接杀近身球挡回直线网前球的动作要领基本相同，只是上体转体速度要快些，击球时及早轻挥球拍，击球点稍前一些。击球瞬间，正手击球手腕内收；反手击球手腕后伸，使拍面朝对方网前斜对角。

　　右场区接杀边线球动作要领：右脚向右侧跨一大步，随步移动球拍引至右侧，上体侧向右侧，小臂侧伸稍屈肘并略外旋，手腕后伸，球拍向右后引。接杀瞬间，小臂稍有内旋，手腕由后伸至内收闪动，击球托的侧下部。击球后，球拍随身体移动回收胸前，准备封网。

　　左场区接杀边线球动作要领：左脚向左侧跨一大步，随步法移动身体使身体稍向左侧转，右臂屈肘向左摆，手腕外展反手握拍，球拍引至左肩前。击球时小臂外旋、手腕伸直轻挥拍挡切。击球后，球拍随着身体回动收于胸前，准备封网。

　　接杀边线球、挡回对角线网前球的动作要领与挡回直线网前球的动作要领基本相同，不同之处只是上体转体速度要快些，以便掌握拍面角度，及早轻挥球拍，击球点稍前些。击球瞬间，正手击球手腕内收；反手击球手腕后伸，使拍面朝对方网前斜对角。

(2) 挑后场高球。

挑后场高球指运动员把对方杀来的球，利用小臂、手腕和手指力量，挑高回击到对方后场底线去的击球方法，挑后场高球有正手、反手上网被动挑高球和正手、反手接杀边线球挑后场高球。

正手上网被动挑高球动作要领：判断来球，快速垫步上网，持拍手前伸小臂外旋，手腕伸展将拍子引至右侧下方。击球时，小臂内旋并回收，手腕由伸展至伸直"闪"动，在右侧下方击球托的后底部，把球向前上方挑起。击球后，后撤回位，拍子收回胸前。

反手上网被动挑高球动作要领：判断来球，左脚向前移一小步后后蹬，上体稍左转，右脚向左前跨一大步，反手握拍由身前引向左下方，肘部前领。球将落地时，上体前屈，后脚跟进一小步成弓箭步。球拍快速前挥，手腕由屈到伸"闪"动，击球托后底部。击球后，上体直起，脚后撤回位，收拍于胸前。

正手接杀边线球挑后场高球动作要领：右脚向右侧跨一大步，同时握拍手向右侧引拍，右臂稍向右后摆并略外旋，手腕后伸到最大限度，使球拍迅速后摆。击球时，以肘部为"支点"，右臂急速向前挥动，手腕由后伸至伸直闪动，拍面对准来球，击球托中底部。击球后，小臂内旋，球拍向体前上方挥动，收拍回位。

反手接杀边线球挑后场高球动作要领：右脚向左脚并一步后，左脚向左后侧跨步，上体向左后转，左脚蹬地，右脚向左后侧跨大步。反手握拍，球拍由身前引至左后下方。击球时，球拍由左后下方经小臂的外旋和手腕的伸展，发力击球托的后底部，使球向前上方飞去。击球后，上体直起回转，脚移动回位，回收球拍于胸前。

(3) 平抽反击球。

平抽反击球指运动员把对方击来的离身体较远的平球反击到对方后场去。平抽反击球有正手、反手平抽反击球两种。

平抽反击球动作要领：站于球场中心附近，两脚左右开立，两膝微屈，面向球网，右手持拍于体前，判断来球，左(右)脚向左(右)侧跨步到位，引拍至左(右)侧后。反手平抽球，小臂由内旋转为外旋，手腕由外展至稍内收闪动，手指突然握紧拍柄，多用拇指的反压力，向前稍上挥拍击球；正手平抽球，小臂由外旋转为内旋，手腕由伸腕至伸直闪动，手指握紧拍柄，多用食指的力量向前发力挥拍击球。不论是正手还是反手平抽球，击球点都应争取在身体的侧前方，以利手臂发力。击球后，球拍随身体的回转收于胸前。

接杀球易犯的错误：

① 注意力不够集中，站位不当，造成措手不及。

② 反应慢，步子移动缓慢，击球不到位，影响接杀球的质量。

③ 击球点选择不当，影响手腕、手指力量的自如发挥。

④ 接杀球瞬间，拍面角度和用力大小控制不好，影响接杀球的效果。

第三节　羽毛球基本战术

一、单打战术

(一) 发球战术

发球不受对方干扰，只要在规则允许的范围内，发球者可以随心所欲地以任何方式发到对方接球区的任何一点。采用变化多端的发球战术，常常能起到先发制人、取得主动的作用。因此，发球在比赛中占有重要地位。

在采用发球战术时，眼睛不要只看自己的球和球拍，应用余光注视对方的情况，找出薄弱环节。发各种球的准备姿势和动作要注意一致性，给对方的判断带来困难，使其处于消极等待的状态。发球后应立即把球拍举至胸前，根据情况调整自己的位置，两脚开立，身体重心居中，但一定注意重心不要站死。眼睛紧盯对方，观察对方的任何变化，积极准备还击。

1. 发后场高远球

这是单打中常用的发球，要求把球发到对方端线处，迫使对方后退还击，给对方进攻制造难度。发高远球虽然弧线高，飞行时间长，但由于离网距离远，球从高处垂直下落，后场进攻技术差的对手较难下压进攻。把球发到对方左、右发球区的底线外角处，能调动对方至底线边角，便于下一拍打对方对角网前，拉开对方的站位。

特别是左场区的底线外角位是对方反手区，更是主要攻击的目标。但发右场区的底线外角时要提防对方以直线平高球攻击自己的后场反手区。如把球发到对方接发球区底线的左、右半区的内角位，能避免对方以快速的直线攻击自己的两边。

2. 发平高球

发平高球，球的飞行弧线较低，但对方仍然必须退到后场才能还击。由于球的飞行速度快，对方没有充裕的时间考虑对策，回球质量会受到一定的影响。对于球飞行弧线的控制，应看对方站位的前后和人的高矮及弹跳能力而定，以恰好不给对方半途拦截机会为宜。落点的选择基本与发高远球相同。

3. 发平快球

发平快球(或者平高球)和网前球配合，争取创造第三拍的主动进攻机会。发平快球属于进攻发球，球速很快，作为突袭手段如运用得当，往往能取得主动。但当接球方有所准备时，也能半途拦截，以快制快，发球方反会处于被动。发平快球时球的落点一般应在对方反手区，或直接对准接发球者的身体，使对手措手不及。

4. 发网前球

发网前球能减少对方把球往下压的机会，发球后立即进入互相抢攻的状态。把球发到前发球内角，球飞行的路线较短，容易封住对方攻击自己后场的角度。发球到前发球线外角位能起到调离对方中心位置的作用。特别是在右场区发前发球线外角位，能使对方反手区出现大片空当。但对方也能以直线推平球攻击发球者的后场反手。如果预先提防，可用头顶球还击。发网前球也可以发对方的追身球，造成对方被动。发网前球时最好配合发底线球才能有较好的效果。

(二) 接发球战术

接发球虽然处于被动、等待的状态，但由于发球时受到规则诸多的限制，使发球不能给接发球者带来太大的威胁。发球者发球只能发到对角线的接发球区内，而接发球者只需防守不到半个区域，却可还击到对方整个场区。所以，接发球者若能处理好这一拍，也可取得主动。

1. 接发高远球、平高球

一般可用平高球、吊球或杀球还击。但如对方发球后站位适中，进攻时要注意落点的准确性。若用杀球、吊球还击，自己的速度要跟上；如果对方发球质量很好就不要盲目重杀，可用高远球、平高球还击，伺机再攻，或者用点杀、劈杀、劈吊下压先抑制对方。

2. 接发网前球

可用平推球、放网前球或挑高球还击。当对方发球过网较高时，要抢先上网扑杀。接发网前球的击球点应尽量抢高。

3. 接发平快球

要观察对方的发球意图，随时要做好准备。借用对方的发球力量快杀空当或追身都能奏效，也可借助反弹力拦吊对角网前。

(三) 平高球压底线战术

用快速、准确的平高球打到对方后场两角，在对方不能拦截的前提下尽量降低球的飞行弧线，把对方紧压在底线，当对方回击半场高球时，就可以扣杀进攻。使用平高球压底线时，如配合劈吊和劈杀可增加平高球的战术效果。一般情况下，平高球的落点和杀、吊的落点拉得越开效果越好。

(四) 吊杀上网战术

先在后场以轻杀、点杀、劈杀配合吊球把球下压，落点要选择在场地两边，使对方被动回球。对方还击网前球时，迅速上网贴网搓球，或勾对角，或快速平推创造半场扣杀机会；若对方在网前挑高球，可在其向后退的过程中把球直接杀向他的身上。

(五) 防守反攻战术

这一战术是对付那种盲目进攻而体力又差的对手。比赛开始，先以高球诱使对方进攻，在对方只顾进攻而疏于防守时，即可突击进攻。或者在对方体力下降、速度减慢时再发动进攻。这种开始固守、乘虚而入、以逸待劳、后发制人的战术有时效果也较好。

(六) 反手战术

就所有的运动员而言，后场的反手击球总是或多或少地弱于正手击球，相对进攻性不强，球路也较简单(由于生理解剖结构的限制)，有的运动员还不能在后场用反手把球打到对方端线，所以对于对方的反手要毫不放松地加以攻击。

(1) 调开对方位置：使对方反手区露出空当，然后把球打到反手区，迫使对方使用反拍击球。

(2) 对反手较差的对手：后场反手较差的人，经常使用头顶击球、侧身击球、侧身弓击球来弥补反手的不足。由于头顶、侧身击反手区时，身体重心、身体位置要偏向左场区的边线，因而可以重复攻击对方的反手区，使其身体位置远离中心。这样本来是对方优点的正手区就出现大片的空当，成了被攻击的目标。当对方打来半场高球时，如对方移动慢，扣杀落点应在他刚离开的位置。因为在快速移动中要马上停住再回转身来接杀球是很困难的。迫使对方在后场用反拍击球时，要主动向前移动位置，封住网前，当对方在后场用反手吊直线或对角网前球时，就可以很快上前扑杀或搓、勾，为下一拍创造主动的机会。

(七) 过渡球战术

首先要明确过渡球是为了摆脱被动，为下一拍的反攻积极创造条件。怎样才能变被动为主动是比赛中的重要一环。被动时，首先争取时间调整好自己的位置和控制住身体的重心。从网前或后场底线击出高远球是被动时常用的手段。当处于不停地跑动追球的状态时，或身体重心失去控制时，都可以打出高远球，以赢得时间，恢复身体重心，调整自己的处境。其次，利用球路变化打乱对方的进攻步骤。在接杀球或接吊球时要把球还击到远离对方的地方，以破坏对方吊、杀上网的连续快速进攻。如果对方吊、杀球后盲目上网，而自己的位置较好时，则可把球还击到对方底线。

(八) 拉、吊结合杀球战术

此战术是把球准确地打到对方场区的四个角上，使对方每次击球都要在场上来回奔跑。使用这种战术时，对不同特点的对手要采用不同的拉、吊方法。对后退步法慢的可以多打前、后场；对盲目跑动满场飞的可使用重复球和假动作；对灵活性差的应多打对角线，尽量使对方多转身；对后场反手差的仍通过拉开后攻反手；对体力不好的可用多拍拉、吊来消耗其体力，然后战胜之。如能熟练地使用平高球、劈吊和网前搓、推、勾技术，快速拉开对方，伺机突击扣杀，则这一战术能收到更好的效果。

二、双打战术

(一) 发球战术

由于双打的后发球线比单打短，在双打中若发高远球，接发球方可以大力扣杀，直接争取主动，同时又较少有后顾之忧。因此站位往往压在靠近前发球线处，对发球者造成很大的心理上和技术上的威胁。所以，发球质量、路线的配合、弧线的制造、落点的变化对整个双打比赛的胜负意义极其重大。可以毫不夸张地说，双打比赛的双方若水平差不多则胜负取决于发球质量。

1. 发球站位

发球的站位不同，对发球的飞行路线、弧线、落点和第三拍的击球都有影响。

(1) 发球者紧靠前发球线和中线：这种站位始于反手发网前内

角，球过网后球托向下，不易被对方扑击。由于站位靠前，也便于第三拍封网。但站位靠前不利于发平快球，一般是发网前内角位球配合发双打后发球线的外角位平高球。

(2) 发球者站位离前发球线半米，靠中线：这种站位发球的选择面较广，正、反手都可发网前球、平快球、平高球，并且各种路线都可以发。缺点是球的飞行时间长，对方有较多时间判断处理，发球后如果抢网较慢也容易失去网前主动权。

(3) 发球者站在离中线较远处：这种站位主要用于在右场区以正手和左场区以反手发平快球攻对方双打后发球线的内角位，配合发网前外角。值得一提的是，这种发球只能作为一种变换手段。因为这种发球只对反应慢、攻击力差的对手有一定威胁，但对方有了准备时作用就不大了，而且还会使自己陷入被动。

2．发球路线

发球路线和落点的选择需注意如下几点：

(1) 调动对方站位，破坏对方打法。如对方甲、乙两名队员站成甲在后、乙在前的进攻队形，在发球给乙时可以后场为主结合网前，而发球给甲时却要以发网前为主结合后场，这样，从发球起就阻挠了对方调整站位。

(2) 避实就虚，抓住对方弱点发球抢攻。首先要看接发球者的站位，如果他紧压网前站在网前内角位，可用发网前与后场动作的一致性发球到对方后场外角位；如对方离中线较远，则可发平快球突袭后场内角位；对接发球路线呆板、变化少的，可针对这种情况发球后抢封角度突击。

(3) 发球要有变化。发球时，网前要和后场配合，网前的内角、外角，底线的内角、外角位的配合，使对方首尾难于兼顾，多点设防，疲于应付；在发球的弧线上也要有变化。这样，接球方就难以摸到发球方的规律了。

3．发球时间的变化

接发球方在准备接发球时，思想虽然高度集中，但因受到发球方的牵制，他要等球发出后才能判断、启动、还击。所以，发球动作的快、慢也应在规则允许的范围内有所变化，不要让接球方掌握规律。

4．发球时心理的影响

在双打比赛中，有时会出现发球失常。其原因，一个是发球技术不过硬，另一个原因则是受接发球者的影响。由于接球者站位逼前，扑、杀凶狠且命中率较高，加之比分正出于关键时，心情紧张，造成手软从而影响了发球质量。遇到这种情况，首先要沉住气，观察接发球者的动向、心理意图、接发球的路线和规律，提高发球质量，增强还击第三板的信心。另外，发球的路线要善变且无规律，真真假假、虚虚实实，这样就会减少不必要的顾虑，发球质量也会稳定下来。

(二) 接发球战术

接发球虽然受发球方的牵制，属于被动等待，但由于规则对发球作了击球点不能过腰、球拍上沿须明显低于手、动作必须连续向前挥动(不许做假动作)、不能迟迟不发等诸多限制，所以使发球者发出的球不能具有太大的威胁。接发球方如果判断准确，启动快、还击及时，就能在对方发球质量稍差时杀、扑得手或取得主动；反之，也会接发球失误或还击不利使自己陷入被动。

(1) 接发内角位网前球：以扑或轻压对方两边中场及发球者身体为主要攻击点，配合网前搓、勾等其他线路。

(2) 接发外角位网前球：除了以上打的点外，还可以平推对方底线两角以调动对方一名队员至边角，扩大对方另一队员的防守范围。

(3) 接发内角、外角位后场球：应以发球者为攻击点，力争扣杀追身球。如启动慢了，可用平高球打到对方底线两角。一般发球者在后场球发出后，后退准备接杀的情况居多，这时可用拦截吊球，落点可选择在发球者的对角。

(三) 后攻前封战术

后场队员积极大力扣杀创造机会，在对方接杀放网、挑高球或企图反击抽球时，前场队员以扑、搓、勾、推控制网前，或拦截吊、点封住前半场，使整个进攻连贯而又有节奏变化，使对方防不胜防。

(四) 攻中路战术

1. 守方左右站位时把球打在两人的中间

这种战术可以造成守方两人抢接一球或同时让球，彼此难于协调；限制对手在接杀球时挑大角度高球调动攻方；有利于攻方的封网，由于打对方中路，对方回球的角度也小，网前队员封网的难度就小了。

2. 守方前后站位时把球下压或轻推在边线半场处

这种战术多半是在接发网前球和守中反攻抢网时运用。这种球守方前场队员拦截不到，后场队员又只能以下手击球放网或挑高球，后场两角便会露出很大空当，因而有隙可乘，攻击他的空当或身体位。

(五) 攻人战术

这是双打中常用的一种战术，就是以人为攻击目标。对付两名技术水平高低不一的对手时，一般都采用这种战术。对付两名队员实力相当也可采用这一战术。它集中攻势于对方一名队员，常能起到"集中优势兵力打歼灭战"的作用；在另一队员过来协助时，又会暴露出空当，可在其仓促接应、立足不稳时偷袭他。

(六) 攻后场战术

这种战术常用来对付后场扣杀能力较差的对手，把对方弱者调动到后场后也可以使用。此战术多采用平高球、平推球、挑底线把对方一人紧逼在底线，使其在底线两角移动击球，在其还击出半场高球或网前高球时即可大力扣杀，取得该球的胜利或主动。如在逼底线两角时对方同伴要后退支援，则可攻击网前空当或打后退者的追身球。

(七) 防守战术

1. 调整站位

为了摆脱被动，伺机转入反攻，首先要调整好防守时的站位。如果是网前挑高球，那么击球者应该直线后退，切忌对角后退。直线后退路线短、站位快、对角后退路线长，也容易被对方打追身球。另一名队员应根据同伴移动后的情况补到空当位。双打防守时的站位调整，都是一名队员在跑动击球时，另一名队员根据同伴的移动情况填补空当。

2. 防守球路

(1) 攻方杀球者和封网队员在半边场前后一条直线上，接杀球应打到另半边前场或后场。

(2) 攻方杀球者和封网者在前后对角位上，接杀球可还击到杀球者的网前或封网者的后场。

(3) 攻方杀球者杀对角后，另一名队员想要退到后场去助攻时，接杀球时可以还击到网前中路或直线网前。

(4) 把攻方杀来的直线球挑对角，杀来的对角球挑直线以调动杀球者。

关于防守的方法还有许多，但目的都是为了破坏攻方的进攻节奏和进攻的势头，在攻方进攻势头稍减时即可平抽或蹲挡；若攻方站位混乱出现空当时，守方即可抓住战机转守为攻，取得主动。

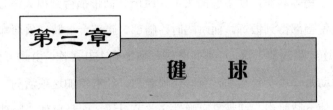

第三章 毽 球

一、毽球运动简介

毽球，是我国特有的一项具有民族色彩的体育运动。它是从踢毽子游戏逐步发展而来的。

由于毽球运动设备简单，不受场地限制，四季可行，深受大学生的欢迎。

踢毽球对身心健康极为有益。踢毽球主要是用腿、脚做接、落、跳、跷、踢等动作，使下肢的关节、肌肉、韧带都得到很大锻炼，同时也使腰部得到锻炼。而跳踢时，腿部、腰部、上肢、颈部都要运动，连续跳踢数十次，心跳每分钟可增加到 150 多次。由此可见，毽球运动是一项全身运动，有时还很激烈。经常参加这项活动，不仅可以使下肢肌肉、韧带富有弹性·关节灵活，而且可使心肺功能得到全面锻炼。此外，踢毽子还有利于提高大学生的反应、灵敏和动作协调的能力。多人合踢还可培养互相合作的精神。

二、毽球基本技术

毽球技术是指人们在毽球活动中所采取的动作方法的总称，包括基本踢法和基本花样。

(一) 基本踢法

毽球的基本踢法主要介绍脚内侧踢球、脚外侧踢球、正脚背踢球、大腿击球(以右脚为例)。

1. 脚内侧踢球

动作要领：两脚自然开立，左手自然下垂，右手持毽于右胸前 20 厘米处，将球向上轻轻抛起，下落到膝部时，左腿支撑，右腿屈膝提起向外展膝转髋，使小腿向内上摆起，脚弓将球击出。初学者踢起的毽球一般不超过下颏，熟练后可高可低，并要求具备调整各种角度和落点的能力。

脚内侧踢球的特点：便于控制球，出球稳、准而不易失误。

2．脚外侧踢球(拐踢)

动作要领：两脚自然开立，上体略向右(或左转)，右手持球轻轻向上抛起，毽落至膝部时，一脚支撑，另一腿屈膝内扣，小腿向外侧举摆，大腿放松，小腿发力，勾脚尖，用踢球脚外侧将球踢起。注意踢毽时，大腿不得摆到体前，小腿向体后斜上方摆动不要过高。

3．正脚背踢球(蹦踢)

动作要领：两脚自然开立，右手持毽向上抛起，当毽落至膝部前方时，踢毽脚大腿带动小腿，在击毽的一刹那，脚面绷直，踝关节发力，将毽踢起。

正脚背踢球活动范围较大，能踢出不同高度、角度和速度的毽。

4．大腿击球(磕踢)

动作要领：右手持毽，向上抛起，一腿支撑，另一腿以髋为轴，大腿屈膝上提，等球落至腹前时，用大腿前 1/2 部位击球。踢起的毽子不超过下颏。

大腿击球：比较稳，可用于调整球。

(二) 基本花样

毽球的基本花样主要介绍停毽、穿花和跳踢毽三种。

1．停毽(外落毽)

动作要领：将毽在体前踢起，高同腰部齐平；右大腿上摆，膝关节向内扣，小腿稍向外下垂，踝关节紧张；足尖外三趾向上勾起，用足外侧迎毽，当毽子距脚约 5 厘米时，大腿下摆，予以缓冲，将毽停在足外三趾部位。可连续做抛接动作。

2．穿花

动作要领：两手五指交叉，毽子放于一手的虎口或手心上，将毽抛起，使毽球从两臂合成的圆上面下落并穿圆而过。然后用内侧将毽踢起，高同胸部齐平，手不松开，毽球第二次穿圆而过，三次、四次、五次……以次数多为好。熟练后，仍用内侧踢毽，使毽从圆底下穿圆而上。

3．跳踢毽(小毽股)

动作要领：用脚内侧将毽球在体前垂直踢起，高同肩部平齐，毽下降时，左大腿带动小腿向右前摆动，同时右腿发力起跳，成左上右下的后交叉腿，再做右腿上摆左腿下压的剪腿动作，右小腿发力。右足勾脚尖用内侧将毽在身体左侧垂直踢起。踢起毽球后，两腿还原成直立。

三、毽球比赛的基本规则

毽球比赛场地长 12 米，宽 6 米。场中用 1．5 米(女子)高或 1.6 米(男子)高的球网相隔。比赛双方每队上场 3 人，替补队员 3 人。比赛由发球一方队员在本方发球区内，抛球踢至对方场区开始。在比赛进行中，每方队员踢球不能超过四次，如超出规定次数即判违例，由对方发球或得分。

毽球不得明显停在身体的某部位，否则判为持球(违例)，攻防双方队员不得碰网。比赛双方队员可以用除手臂以外的任何部位击球。进攻一方队员如用头攻球，必须在限制线以外起跳(落地可以限制区内)，如踩线或越过限制线起跳均判攻球违例。

掌握发球权一方将球击入对方场区内，而对方接球失误，则判发球一方得分，该队可连续发球或攻球得分；若本方失误则换对方发球。凡是获得发球权的队应该先按顺时针方向，轮转一个位置，再进行比赛。毽球比赛不受时间限制，一方先得 15 分为胜一局，如两方均得 14 分，比赛继续直至多两分(16：14 或 17：15)时才算一局结束，双方交换场地再赛。正式比赛采用三局两胜制。

图书在版编目(CIP)数据

乒乓球、羽毛球、毽球/张诗雄，肖兵，窦少文主编.
—西安：西安电子科技大学出版社，2016.2(2017.1 重印)
ISBN 978–7–5606–4029–7

Ⅰ. ① 乒… Ⅱ. ① 张… ② 肖… ③ 窦…
Ⅲ. ① 乒乓球运动—高等学校—教材 ② 羽毛球运动—高等学校—教材
③ 毽球运动—高等学校—教材 Ⅳ. ① G84

中国版本图书馆 CIP 数据核字(2016)第 020314 号

策 划 杨不勇
责任编辑 张 玮 杨不勇
出版发行 西安电子科技大学出版社(西安市太白南路 2 号)
电 话 (029)88242885 88201467 邮 编 710071
网 址 www.xduph.com 电子邮箱 xdupfxb001@163.com
经 销 新华书店
印刷单位 陕西天意印务有限责任公司
版 次 2016 年 2 月第 1 版 2017 年 1 月第 2 次印刷
开 本 850 毫米×1168 毫米 1/32 印 张 3.25
字 数 60 千字
印 数 3001～5000 册
定 价 25.00 元

ISBN 978–7–5606–4029–7/G

XDUP 4321001–2

如有印装问题可调换